# 白川静 文字学入門
# なるほど漢字物語

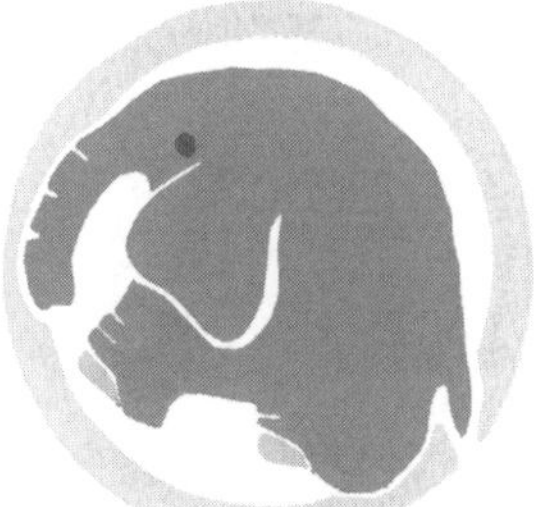

小山鉄郎

共同通信社

白川静 文字学入門

なるほど

# 漢字物語

目次

イラスト（カバー・本文）●はまむらゆう
装　丁●奥冨佳津枝
ページネーション●常見美佐子

# まえがき

わたしたちが日常《にちじょう》に暮《く》らす中で漢字に触《ふ》れない生活は考えにくいですが、でも漢字という文字がどのように成り立っているのか、その仕組みを知る人は、それほど多くはありません。

この本はその漢字の成り立ちの秘密《ひみつ》を解明《かいめい》した漢字学の第一人者、白川静さんの研究に基《もと》づいて、漢字の仕組みを初歩の初歩から紹介《しょうかい》していくものです。国は小学校の六年間に学ぶべき漢字として、一〇〇六の漢字を定めていますが、その教育漢字を基本《きほん》的なテーマにして、漢字の仕組みを小学生から、大人まで、誰《だれ》にでも分かるように紹介しました。

テーマとなる漢字をふくめて、関連する四つの漢字を取りあげ、その現在《げんざい》の字形、古代文字の形、それらをつなげるイラストを各回につけて、漢字の仕組みを具体的に説明しました。

漢字という文字の特徴《とくちょう》は、一つ一つの文字が単独《たんどく》にあるのではなく、すべての漢字がまるで物語のようにつながっていることです。白川静さんが解明した漢字の仕組みを理解できれば、漢字を一つ一つ覚えていく必要がなくなります。なぜなら、もともと漢字という文字の全体が大きなつながりの中にあるので、一つの漢字が分かれば、それに関連する漢字をいっぺんに理解できるのです。その「漢字物語」を紹介した本です。

例えば、冒頭《ぼうとう》で「右」「左」「又《また》」「友」の四文字を説明して、「友」の字の成り立ちについて紹介しましたが、それを通して「友」という文字の仕組みを知れば、漢字の物語的なつながりぶりに「なるほど」と驚《おどろ》かれるに違《ちが》いありません。

この本は現在も続いている「漢字物語―白川静文字学入門」という新聞連載《れんさい》の第一回から第百回までを加筆してまとめたものです。わたしは勤務《きんむ》先の通信社で文学を担当《たんとう》する記者ですが、ある時、われわれの文化の基礎《きそ》にある漢字という文字が、どのような仕組みで出来ているのかについて、白川静さんに学びながら、新聞の読者にそれを紹介したいと思い立ちました。

そして「小学生でも理解できるように、漢字の仕組みについて教えてほしい」という手紙を当時九十二歳《さい》の白川静さんに出して、その申し出を受けていただいたのです。毎回、白川静さんから漢字の成り立ちについて直接《ちょくせつ》教えてもらいながら連載した「白川静さんに学ぶ　漢字は楽しい」という記事は大きな反響《はんきょう》を呼《よ》び、それをもとに書き下ろした同名の本も子どもから、大人、さらにお年寄りまでの幅《はば》広い多くの読者を得ました。

しかし残念なことに、白川静さんは二〇〇六年十月三十日、九十六歳で亡《な》くなってしまいました。白川静さんから直接教えてもらいながら漢字の世界を紹介することは、もうできなくなってしまったのですが、生前白川静さんに教えていただいたことや残された著作《ちょさく》から、さらにコンパクトにやさしく漢字の物語を伝えていきたいと思うようになったのです。

この本は、漢字に興味《きょうみ》がある人ならば、小学生でも読めるように小学五年生以上で学ぶ漢字には読みが振《ふ》ってありますし、テーマとした文字は小学何年生で学ぶ漢字であるかも記してあります。連載中の記事に対して、祖父母《そふぼ》もふくめて親子三代で読んでいるという感想をいただいたこともありました。

このように本書は誰にでも読めるように書かれたものですが、でも内容《ないよう》的には白川静文字学の精髄《せいずい》を紹介するものです。漢字は「歴史の通路である」と、白川静さんは『漢字の世界』という本の中で述《の》べています。漢字は今から三千二百年ほど前に古代中国の殷《いん》の時代に生まれた甲骨《こうこつ》文字がルーツです。長い歴史のある中国では以来、多くの王朝が生まれましたが、殷を倒《たお》した周をはじめ、すべての王朝が漢字を使い続けてきました。文字を持たなかった日本も中国から漢字を輸入《ゆにゅう》し、平仮名《ひらがな》や片仮名《かたかな》を作りだして、自分たちの言語を記述《きじゅつ》しています。

携帯《けいたい》メールやパソコンで文章を記している現代の日本人たち

でも、この本の文章を読み、イラストを見ながら、読み進めていけば、三千年の時空を超《こ》えて、中国の古代の文字が意味していることを「なるほど」と理解することができるのです。

つまり甲骨文字を生み出した古代中国の人たちと、外国の文字である漢字を使って中国語ではない日本語を記述する日本人がしっかりとつながっているのです。その間、漢字は途切《とぎ》れることなく、ずっと使われてきたのです。すごいことですね。

その漢字の中に古代中国人の生活と思想が詰《つ》まっています。そこから中国人の特徴《とくちょう》を知ることができますし、中国人と日本人の近い点も知ることができます。さらに大きな違いも分かります。これから中国と日本との関係はますます大切なものとなっていくでしょう。その同異《どうい》を知る根底に漢字があるのです。漢字は「歴史の通路である」という言葉で白川静さんが伝えたかったことは、そのようなことだと思います。この点の紹介にも努めました。漢字の世界を、ぜひ楽しんでください。

# 友

## 手と手を合わせて誓《ちか》うことです

音 ユウ　訓 とも・したしむ

2年生

漢字は今から、約三千二百年前、古代中国の殷《いん》王朝の王様が、神様と交信するために作った甲骨《こうこつ》文字がルーツです。亀《かめ》の甲羅《こうら》や牛の骨《ほね》などに文字を刻《きざ》んで、神様の判断《はんだん》を占《うらな》ったのが甲骨文字です。その後、文字を青銅器《せいどうき》に鋳込《いこ》んだ金文という文字も生まれました。

この甲骨文字や金文など、漢字の古代文字の精密《せいみつ》な研究から漢字の故郷・中国にもない新しい漢字の体系を作りあげて文化勲章《くんしょう》を受けたのが、漢字学者の白川静さん（二〇〇六年死去）です。その白川静さんの研究にそって、これから漢字の成り立ちの物語を書いていきたいと思います。

その漢字物語をまず「右」と「左」という文字から始めましょう。「右」は片仮名《かたかな》の「ナ」に似《に》た形と「口」で出来ています。「ナ」は古代文字ではフォークのような字形。これは「手」の形です。

「口」は顔の耳口の「くち」ではなくて、神様へのお祝いの言葉である祝詞《のりと》を入れる器の形です。「口」の字形が「くち」ではなく、祝詞を入れる器「サイ」であることを明らかにしたのが、白川静さんの漢字学の最大の発見であると言われています。その「サイ」を「手」に持ち、神様に祈《いの》る字が「右」です。また「サイ」は右手で持ちましたから、「みぎ」の意味となりました。

では「左」はどうでしょう。やはり「ナ」は「手」です。「工」は神様に呪《まじな》いをかける呪術《じゅじゅつ》の道具の形です。左手に神への呪術の道具を持って祈る字が「左」です。

そして「又《また》」という字形も「手」の形です。古代文字の形を見てもらうと、「右」「左」の古代文字の「ナ」と同じ形をしているのが分かってもらえると思います。「又」の古代文字と今の「又」という字形をじっと見比べてください。古代文字が「又」の字形に変化していく姿《すがた》を思い浮《う》かべながら、見てみると「又」が「手」を表す文字であることがはっきり分かると思います。

漢字には「手」のことを表す文字がたくさんあります。「又」はその代表的な字です。この本に何度も出てきます。「又」が「手」の意味であることをまず理解《りかい》してください。「又」の音読みは「ユウ」です。

以上を理解して「友」という字を見ると「ナ」と「又」を合わせた形であることが分かりますね。「ナ」も「又」も「手」のことですから、「友」は手と手を合わせた形です。同族の者が手と手を合わせて友愛を誓《ちか》う字が「友」なのです。

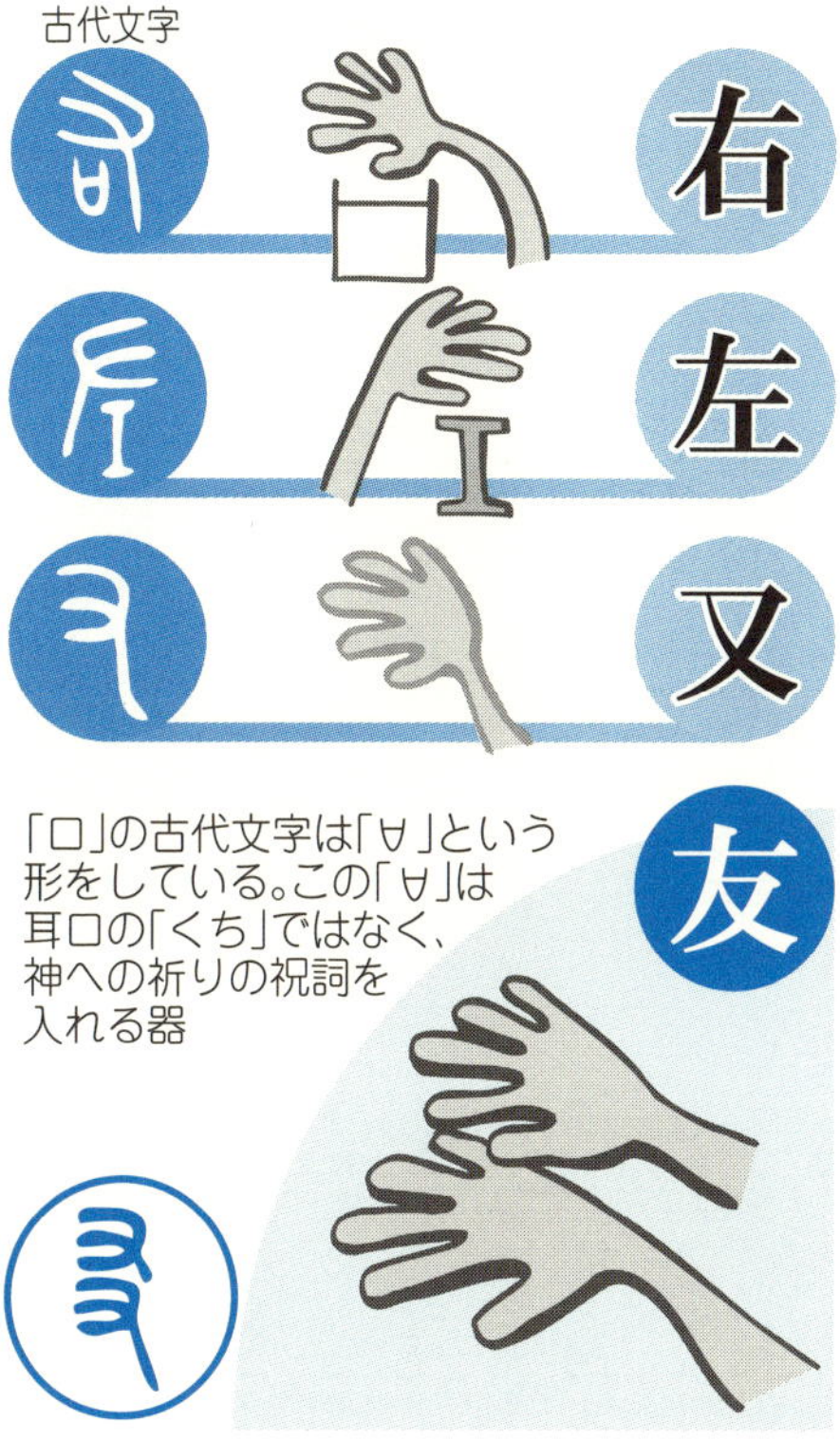
古代文字
右
左
又
友
「口」の古代文字は「∀」という形をしている。この「∀」は耳口の「くち」ではなく、神への祈りの祝詞を入れる器

# 最

## 最も敵《てき》を討《う》ち取った者のことです

音 サイ　訓 もっとも・とる

**4年生**

古代中国では神への祈《いの》りが大切でした。最初の「友」の回に紹介《しょうかい》した「右」や「左」も、神への祈りを表す漢字です。でも古代中国には、もう一つ大事なものがありました。それは戦争、軍事です。ですから漢字には戦争に関係した文字がたくさんあるのです。

「取」という漢字も戦争に関連したものです。「取」は「耳」と「又《また》」で出来ています。「又」は「友」の文字のときにも紹介しましたが「手」を示《しめ》す字形です。古代文字を見れば、そのことがよく分かります。

「取」の甲骨《こうこつ》文字の左側にかかれている少しいびつな三日月のような形が「耳」です。この「取」は左耳を手で切り取る形の文字です。戦争で討《う》ち取った証拠《しょうこ》に、敵《てき》の左耳を切り取って持ち帰り、その数で功績《こうせき》を数えたのです。戦場でいっぱい左耳を切り取る兵士がいたのでしょう。そのことから、すべての「もの」や「こと」について「とる」意味になりました。

「最」は字形に「取」をふくんだ漢字です。「最」の上の「曰」の部分は、もともとは「冃《ぼう》」という字で、頭巾《ずきん》の形です。例えば「冒険《ぼうけん》」の「冒」の「曰」も頭巾の「冃」です。今も銀行強盗《ごうとう》などは目出し帽を被《かぶ》ったりしますが、この「冒」には兜《かぶと》を被って進撃《しんげき》すること、危険《きけん》をかえりみず冒険する意味があります。

帽子《ぼうし》の「帽」の「冒」の「曰」も「冃」です。「巾」は「きれ」の意味で、頭巾のことです。深く頭巾を被り、目だけ出している形の文字が「帽」です。

そこで「最」の古代文字を見てください。頭巾が袋《ふくろ》のようになって「取」を覆《おお》っていますね。きっと「左耳」を取りすぎて、手に持ちきれなくなり、耳を袋に入れて持ち歩いたのでしょう。

このように左耳を最高に集めた功績第一の者を「最」と言いました。

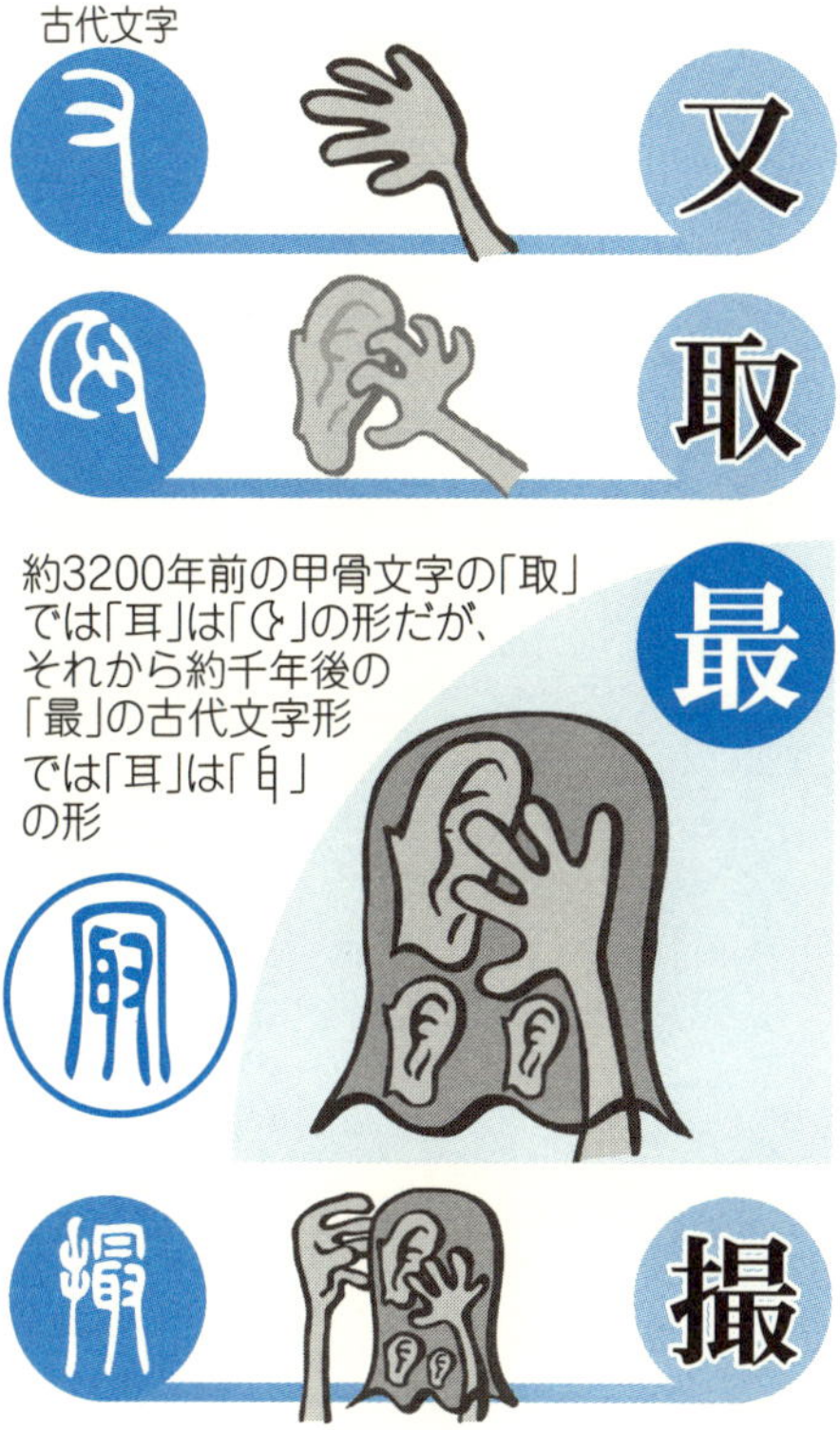
古代文字
文
取
最
撮
約3200年前の甲骨文字の「取」
では「耳」は「」の形だが、
それから約千年後の
「最」の古代文字形
では「耳」は「」
の形

あまりよい言葉ではありませんが、最高殊勲《しゅくん》戦士という意味の漢字が「最」なのです。

「最」にもう一つ「手」を表す「扌」を加えた「撮《さつ》」も「取」が関連した文字です。

「撮」は手柄《てがら》の証拠《しょうこ》として戦場で切った左耳を指先で「つまむように取る」というのがもともとの意味でした。

現代《げんだい》では映画《えいが》や写真を撮影《さつえい》するというような意味で使われていますね。

# 際

## 人と神が接《せつ》する場所のことです

音 サイ　訓 きわ

5年生

大切なことはどんなことでも、神に祈《いの》り、神の声を聞いて決めるのが古代中国の社会でした。ですから、神への祭りはとても大事でした。その「神への祭り」の「祭」という字の成り立ちについて、紹介《しょうかい》しましょう。

この「祭」は「月」と「又《また》」と「示《しめす》」で出来た文字ですね。このうちの「又」は、これまでも説明しましたが、「手」の形。特に「右手」の形です。

「月」は夜空の月ではなく、一枚《いちまい》の肉を表す「肉づき」です。「月」の字形内にある二つの横線は肉の筋《すじ》の部分。そして「示」は神へのお供《そな》えものをのせるテーブルの形です。

古代文字も現在《げんざい》の字形も大きな違《ちが》いはありませんが、「示」という字形を神へのお供えものをのせるテーブルの形だと思って見つめてみてください。なるほどテーブルの形のように感じられてくると思います。

ですから、この「祭」は神への捧《ささ》げものをのせるテーブル「示」の上に、お供えの「肉（月）」を「右手（又）」で置いて、神へのお祭りをするという意味の漢字なのです。

こうやって「祭」という字を覚えたら、一生忘《わす》れません。そして、そこから関係する漢字を簡単《かんたん》に理解《りかい》していくことができます。これが白川静さんの文字学の特長です。

「際《さい》」という字は「阝」に「祭」を加えた文字です。この「阝」は古代文字形を見ると分かりやすいですが、神様が天上と地上の間を昇降《しょうこう》する階段《かいだん》または、梯子《はしご》です。この階段を使って神様が降《お》りてくる土地に、テーブルを置いて、その上に右手で肉をのせ、祭りをする字が「際」です。そこは神と人が接《せっ》する場所。「際」は「きわ」という意味ですが、それは神と人との「きわ」のことでした。神のいる場所ですから、人はそれ以上に進むことができません。人間が至《いた》れる限界《げんかい》、際限《さいげん》の意味もそこから生まれました。

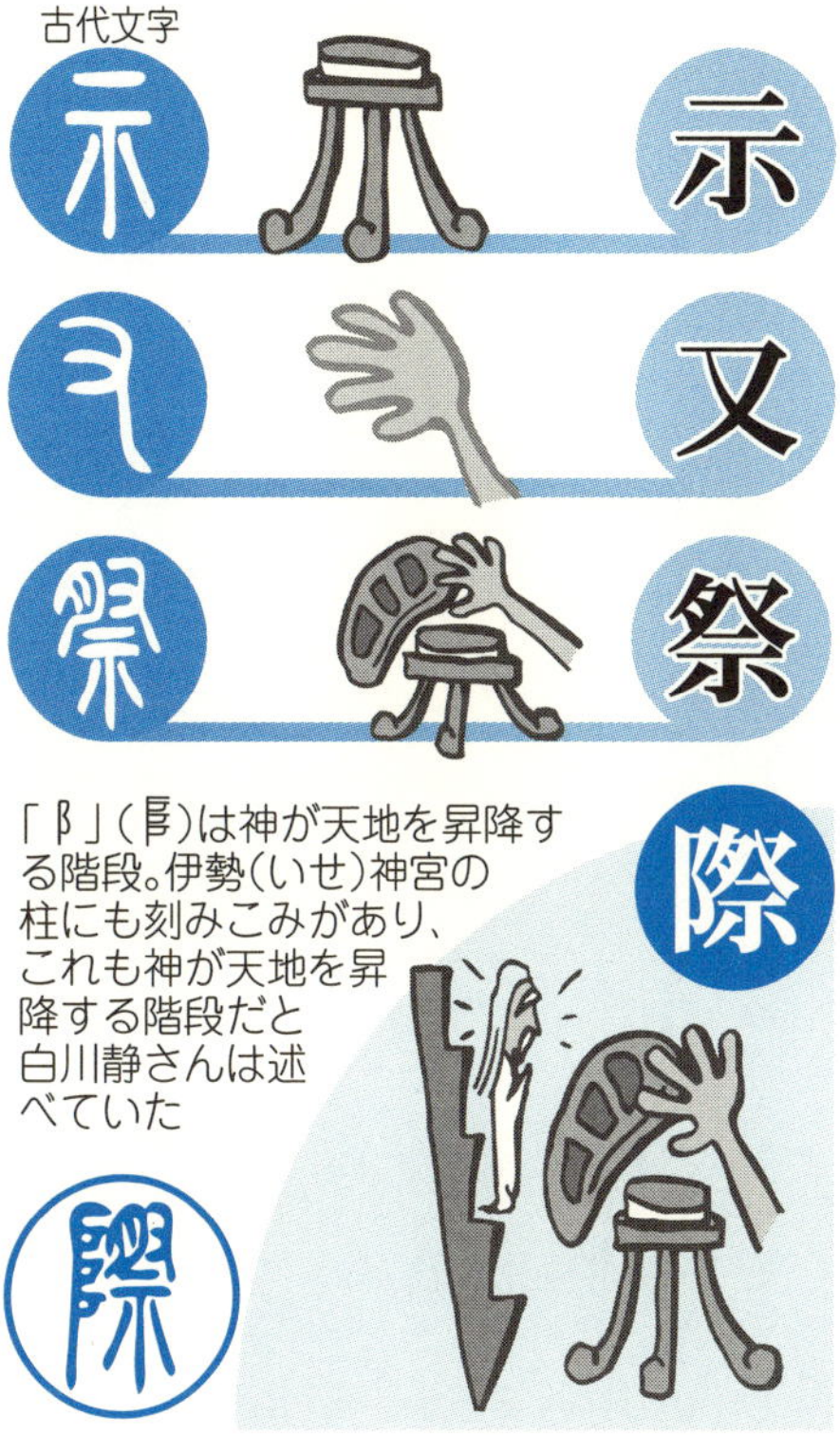
古代文字
示
又
祭
際
「阝」（阜）は神が天地を昇降する階段。伊勢（いせ）神宮の柱にも刻みこみがあり、これも神が天地を昇降する階段だと白川静さんは述べていた

「警察《けいさつ》」「検察《けんさつ》」などの「察」にも「祭」がふくまれています。「宀《うかんむり》」は先祖《せんぞ》を祭る廟《みたまや》などの屋根の形です。その中で祭りを行って神様の意思をうかがいみることを「察」といいます。神によって、ことをあきらにすることも「察」といいます。そこから「察」は「うかがいみる、みる、あきらかにする」などの意味となりました。

# 神

## 屈折《くっせつ》しながら走る稲妻《いなずま》のことです

**3年生**

音 シン・ジン　訓 かみ・かん・こう

中国の古代社会では神様へのお祭りがとても大事なことでした。ですから前の回は「祭」「際《さい》」という字について説明しました。ここでは「神」という字について紹介《しょうかい》しましょう。

「神」を説明するには、まず「申」という字について話さなくてはなりません。なぜなら「申」がもともとの「かみ」の意味の字だったのです。

古代文字やイラストを見ると分かりますが、「申」は稲妻《いなずま》のことです。稲妻が屈折《くっせつ》しながら走る姿《すがた》を書いたものです。雷《かみなり》や稲妻は古代中国では最も恐《おそ》れられた自然現象《げんしょう》でした。神様が現《あらわ》れる現象と考えられていたのです。ですから「申」が神様を表すもともとの漢字なのですが、その「申」が次第に「もうす」などの意味に使われ出したので、「申」の偏《へん》に「示《じ》」が加えられて「神」という字が作られたのです。

「示」は「祭」の字のところでも紹介しましたが、神様への供物《くもつ》をのせるテーブルです。この神を祭る際のテーブルの形「示」が、神様を表す記号となりました。示偏《しめすへん》は今は「ネ」と書きますが、この「ネ（示）」偏がついた漢字は、みな神様と関係のある文字なのです。

「申」は稲妻の形、電光の形。その稲妻は縮《ちぢ》んだり、伸《の》びたりしながら空を走ります。それゆえに、屈伸《くっしん》する意味や、伸びる意味があります。

その「申」に「亻《にんべん》」を加えた「伸」は人間が屈伸する意味の字。後にすべての伸びるものに使われるようになりました。

「電」も「申」の関係字です。古代文字を見てもらうと分かりますが、「電」は「雨」と「申」が合わさった文字です。「電」の「申」は電光のしっぽの部分が右に屈折した形ですね。「雨」は「あめ」ばかりでなく、気象現象を表す字形です。「雨」と「申」を合わせて、稲妻の意味になりました。また稲妻のように速いことを意味します。

古代文字
申
日本でも雷、稲妻は「神鳴（かみなり）」などと呼ばれ、神様の現れとして考えられていた
神
旧字
神
伸
電

「紳士《しんし》」の「紳」にも「申」があります。この「申」は、やはり稲妻が屈伸しながら走る姿のことで「のびる」があります。長く垂《た》れて伸びた礼服の幅《はば》の広い帯のことを「紳」といいます。意味は「おおび」です。そこから身分の高い人や教養のある人のことを言うようになりました。

# 然 神様が大好きな焼いた犬の肉のにおいのことです

音 ゼン・ネン　訓 もえる・しかり・しかれども

4年生

「犬」という字は実際《じっさい》の犬の姿《すがた》をそのまま書いた象形文字です。祈《いの》りや願いの生けにえとして「犬」が捧《ささ》げられたので、字形中に「犬」をふくむ漢字は多くあります。中にはかなり残酷《ざんこく》なこともありますが、三千年以上前の中国の話です。今の価値観《かちかん》で考えてはいけません。

最初は鼻が利く「犬」の紹介《しょうかい》から始めましょう。「犬」に「人」を加えたのが「伏《ふく》」です。これは王様などの墓《はか》を造《つく》る際に墓に変な虫や魔物《まもの》、敵《てき》が忍《しの》び寄《よ》らないように墓の下の地中に犬と武人《ぶじん》を一緒《いっしょ》に埋《う》めたことを表す文字です。「伏」の「人」は武装《ぶそう》した兵士のことです。

魔物や敵に、鋭《するど》い鼻で最初に犬が気付き、武人がそれをうち破《やぶ》る役目だったのです。地中に埋められることから「伏」は地に「ふす」の意味となりました。

殷《いん》の時代の古い墓が二十世紀になって、発見発掘《はっくつ》されて、実際に犬と武人が一緒に墓の下に埋められていたことが分かっています。白川静さんの文字学を通して、漢字の成り立ちを知ると、漢字のことばかりでなく、古代中国の人たちが、どんな考え方をして生活をしていたのかということまで分かってくるのです。

「状」（狀）という字も、生けにえとしての「犬」をふくむ漢字です。城壁《じょうへき》などを造るときに版《はん》築《ちく》という工法があります。板と板の間に土を入れて、杵《きね》でつき固める工法です。それに使う板の形が旧字体「狀」の偏《へん》「爿」です。この城壁を造る際にも犬を犠牲《ぎせい》にささげ、城壁がちゃんと出来ることを祈ったのです。その工事の進み具合、状況《じょうきょう》のことから物や人の形状の意味となりました。

「犬」をふくむ字で最も印象的なのが「然」です。白川静さんから「犬」をふくむ漢字について直接《ちょくせつ》、教えてもらった時にも「一番、面白いのは『然』という漢字だろう」とおっしゃっていました。この「然」は「犬」「月」「灬」で出来ています。「月」は「肉づき」で「肉」のこと。「灬」は「火」です。神様は犬の肉を焼いたにおいが大好きでした。「犬」の「肉」を「火」で燃《も》やして、そのにおいを天上の神様に届《とど》ける字が「然」です。

だから「然」は「もやす」という意味で、「燃《ねん》」の元の字でした。しかし「然」が次第に「しかり」などの意味に使われるようになり、さらにもう一つ「火」を加えて「燃」という文字が作られたのです。

古代中国の占(うらな)いをみると、犬をいけにえの犠牲として使う例が多い。天の神を祭るには犬を焼き、地の神を祭るには犬を埋めました

# 器

4年生

## 生けにえの犬でお祓《はら》いしたうつわのことです

音 キ　訓 うつわ

現在の日本人は主に常用漢字《じょうようかんじ》を使って文章を書いています。この常用漢字の基《もと》になったのが、一九四六年に発表された当用漢字です。でも偉《えら》い人たちが集まって決めた割《わり》には、当用漢字には間《ま》違《ちが》いがたくさんありました。「犬」に関する漢字で、その例を挙げてみましょう。

「臭《しゅう》」はもとの旧字《きゅうじ》では「臭」でした。つまり「自」と「犬」でした。「自」は鼻の形です。「鼻」の字にも「自」があります。この「自」に鼻が利く動物「犬」を加えて、「くさい」の意味となったのです。

それが当用漢字では「犬」を「大」に変更《へんこう》してしまいました。「大」は正面から見た人間の姿《すがた》です。鼻の利く「犬」だからこそ「臭」に「くさい」の意味があったのです。その臭《くさ》さなどが分かる感覚を「嗅覚《きゅうかく》」といいますが、でもこちらの「嗅」の字は当初、当用漢字にも常用漢字にも入っていなかったので「犬」のままでした。実に奇妙《きみょう》な漢字改革《かいかく》でした。

そして二〇一〇年の常用漢字の改定で、「嗅」が「犬」のまま常用漢字に加わることになりました。このため今の常用漢字には「大」の「臭」と「犬」の「嗅」が混在《こんざい》する状態《じょうたい》となっています。当用漢字を決めた時の間違いぶり、その矛盾《むじゅん》が、今の常用漢字にそのまま反映しています。

煙突《えんとつ》の「突」も、もともとは「穴」と「犬」を合わせた「突」という文字でした。「穴」は、かまど用の穴のことです。かまどは火を扱《あつか》う大切な場所でした。かまどの神様に「犬」を生けにえにささげて、お祓《はら》いをしてから使ったのです。これも当用漢字では「大」になってしまいました。

「器」も旧字では「器」と書きます。つまり「器」は「口」が四つと「犬」で出来た字でした。「口」は顔の「くち」でなく、白川静さんの大きな発見ですが、神様への祈《いの》りの言葉である祝詞《のりと》を入れる器です。それに、生けにえの犬を捧《ささ》げ、お祓いをする字が「器」です。器はお祭りに使うので、お祓いをして使ったのです。

体系的な漢字研究で文化勲章（くんしょう）を受けた白川静さんは「当用漢字、常用漢字の中にある間違いを正すために研究を続けてきた」と語っていた

もともと「犬」の右上の「、」は犬の特徴《とくちょう》である耳のことです。字形に「、」を加えて、犬を人と区別していたのです。

でも戦後に文字の形を変更する際、漢字への十分な知識がないままに「犬」の「、」を取ってしまい、犬も人も一緒《いっしょ》にしてしまったのが当用漢字、今の常用漢字なのです。ちょっとひどい漢字改革でした。

# 北

## 王の背中《せなか》が向く方角のことです

音 ホク　訓 きた・そむく・にげる

2年生

「大」という字は人間を正面から見た姿《すがた》であることを前の「器」のところで述べました。そのつながりから、ここでは「人」に関連した文字を紹介《しょうかい》しましょう。

この「人」という字は人が立っている姿を横から見た形です。一画目が頭と手、二画目が胴《どう》と脚《あし》のことです。

「人」という字は二人の人間が、互《たが》いに支《ささ》え合っている姿《すがた》だという人がいますが、漢字が生まれた三千年前の古代文字の形を見てみれば、そのような文字の形をしていないので、そんな考えが、まったく間違《まちが》っていることがはっきりと分かります。

「人」が関連した漢字はこの「人」を二つ並《なら》べたり、逆《ぎゃく》向きにしたりして、いろいろな字を作っていきます。まず「従《じゅう》」という字を説明しましょう。この字の旧字《きゅうじ》は「從」で、そのポイントは人が二人並んだ「从《じゅう》」の部分です。もともと「从」だけで「従」の意味の文字でした。

この「从」と「彳《ぎょうにんべん》」と「止」を合わせたのが「從」です。「彳」は十字路の左半分を書いた字形。「止」は足の形で、「彳」と「止」で「道を行く」という意味です。これと「从」を合わせて、前の人の後について、人が歩いていく姿の文字です。そこから「したがう」意味になりました。

「従」は左向きの二人ですが、逆に右向きに二人が並んでいる文字が「比《ひ》」です。「従」と「比」

の古代文字をくらべると二人が逆向きなのが分かると思います。二人並んでいるので「くらべる」の意味になりました。

二人が左向きに並ぶと「従」、右向きは「比」。ならば背中《せなか》合わせになると何でしょう？　それが「北」という字です。古代文字の形を見れば、人が背中合わせになっているのが分かると思います。ですから、この文字のもともとの意味は「背中」のことでした。

古代文字
人
従
旧字
從
比
北
天子が南に面して座ったのは、
北半球では南側が太陽の
出る方向だったから。
背中を見せて逃（に）
げることから、
敗北の言葉も
生まれた


「天子は南面す」という言葉があります。中国では王は儀式《ぎしき》の際《さい》には南に向かって座《すわ》りました。すると王の背中は北を向きます。そこから「北」は方角の「きた」を意味するようになりました。そして「北」がもっぱら方角の「きた」の意味に使われるようになったので、「北」に肉体を表す「月」（肉づき）が加えられて、「背」という文字が新しく作られたのです。

# 久

## 永久《えいきゅう》の人になることです

音 キュウ・ク　訓 ひさしい

5年生

「人」という字は横向きの人間をかいた象形文字です。この横向きの「人」を後方に少し倒《たお》した文字が「尸《しかばね》」という字です。この字は学校では習わないと思いますが、「屍《しかばね》」という字の元の形です。人が死んで、倒れることを表した文字です。

この後方に倒れる死体を後ろから木で支《ささ》えている形が「久《きゅう》」という文字です。イラストと古代文字を見てください。「人」が後ろに倒れて、木の棒《ぼう》で支えている字形であることが分かってもらえると思います。

人間が死ぬと「永久《えいきゅう》の人」「久遠《くおん》の人」になると考えて、「ひさしい」の意味が生まれました。これは普通《ふつう》の考え方とは少し違《ちが》いますね。死体はやがて、くち果てて消えていくわけですから、本来は「永久」の意味になるはずがありません。

でも人の一生は一時《ひととき》、わずかな間にすぎないのですが、むしろその消滅《しょうめつ》してしまう人の死体から「永久なもの」「不滅《ふめつ》なもの」というものを見いだそうとしたのです。このように古代中国の人たちが死の中に積極的な意味を見いだそうとしたことに、深い思想を白川静さんは感じていました。

白川静さんの漢字学で学んだ人が、その字の意味を知って、みな驚《おどろ》くことですが、「真」（眞）という字も、行き倒れの人を表す漢字です。その行き倒れになった人から「真実」「真理」という意味を古代中国人は生みだしました。

死者の姿である「久」から「永久」「久遠」という考えを導いたのと、ここにも似《に》たような考え方がありますね。死んだ人の姿《すがた》は、もはや変化するわけではないので、真の存在《そんざい》となったと考えていく思考方法です。

さてその「久」という字を「匚」の中に入れて「木」を加えた文字が「柩《ひつぎ》」です。

古代文字
人
尸
久
柩
人の消滅を示す「久」の字に永久不滅の意味がこめられたことに、古代中国人が抱(いだ)いていた人間の生命への深い愛が表れている

これも学校では習わないかもしれませんが、関連して覚えておくと忘《わす》れません。

このように漢字をつながりの中で理解《りかい》できるのが白川文字学の特徴《とくちょう》です。

「匚」は箱のことです。「木」偏《へん》ですから、木製《もくせい》の箱です。つまり「永久の人」を「木」の「箱」に納《おさ》めた姿です。

死体を納める木箱「ひつぎ」のことです。

# 夫

## 結婚式《けっこんしき》でかんざしを挿《さ》して正装《せいそう》した男性《だんせい》のことです

音 フ・フウ　訓 おっと・おとこ・かの・それ・かな

4年生

人の正面形が「大」という漢字であることを「器」の回に説明しました。ここでは、その「大」を字形にふくんでいる漢字をもう少し紹介《しょうかい》したいと思います。

まず「大」のてっぺんに「一」を加えた「天」の字から。「大」は人が手足を広げて立っている姿《すがた》を正面からかいた形です。その人間に「大きな頭」を加えたものが「天」の字形なのです。人間の体の一番上にある頭部を意味する「天」から、空の「天」の意味になりました。例に挙げた「天」の古代文字は甲骨《こうこつ》文字ですが、時代が下ると、この大きな頭の部分が一本の横線になっていき、現在《げんざい》の字形に近づいていきます。

「大」のようにてっぺんに「一」を加えるのではありませんが、やはり「一」を加えるのが「夫」です。加えられる「一」は、まげに挿《さ》したかんざしです。結婚《けっこん》式の際《さい》に、まげにかんざしを挿して正装《せいそう》している男性《だんせい》の正面形をかいたのが「夫」という字です。夫子《ふうし》は長老や先生を尊敬《そんけい》して言う言葉です。夫人は他人の妻《つま》を敬《うやま》って言う言葉です。もとは「夫《か》の人」と、直接《ちょくせつ》に名前を呼《よ》ばずにいう言い方で、敬語的な呼び方だそうです。

「夫」という文字を紹介したので、ついでに「妻《さい》」という字についても述べておきましょう。ほうき星、彗星《すいせい》の「彗」の字の下部は片仮名《かたかな》の「ヨ」の真ん中の横棒《よこぼう》が右に突《つ》き抜《ぬ》けたような字形になっています。この「彗」の下部の字形はフォークの形をしています。これは手の形、「又《また》」（右手の形）と同じ字形で、「手」の意味です。「妻」という字は、その「彗」の下部と同じ字形と、上部の「十」の字形、さらに下部の「女」を合わせた形になっています。分かりますか？

この上部の「十」は髪《かみ》につけたかんざしです。三本のかんざしを髪に挿す姿が「十」の字形。「彗」の下部と同形は「手」のことですから、これらを合わせて、女の人が髪に挿したかんざしを手で整えている姿が「妻」という漢字なのです。

古代文字
大
天
夫
妻
「夫」はかんざしをまげに挿す男性。「妻」も髪に挿したかんざしを手(ヨ)で整える女性。「夫妻」とは結婚式で正装した男女の姿のこと

これは結婚式の際に正装した女性の姿です。そこから「つま」の意味となりました。

「彗」の下部は「手」の形ですが、「彗」の上部のほうは「帚《ほうき》」のことです。つまり「彗」は帚を手に持つことで、「ほうき」「はらう」の意味があります。彗星のことを「ほうきぼし」と言うのもここからです。

# 兄

## 家での祭りを担当《たんとう》する一番上の兄弟のことです

音 ケイ・キョウ　訓 あに

# 2年生

「北」や「久《きゅう》」や「夫」など、「人」に関係した漢字を紹介《しょうかい》してきましたので、もう一つ「ひと」を表す字形「儿《じん》」について説明したいと思います。

この「儿」も横から見た人間を表す字形です。漢字は「儿」の上にいろいろなものをのせて、その機能《きのう》を強調することで文字を作っていきます。

最初の紹介は「見」です。これは「儿」の上に見る行為《こうい》の特徴《とくちょう》である「目」をのせて「目」を強調し、「みる」意味になりました。

この「見る」という行為には相手と内面的な交渉《こうしょう》を持つという意味があります。森の茂《しげ》みや川の流れを見ることとは、その自然の持つ力を自分の身に移《うつ》し取ることでもありました。古代の社会では見ることによって、見る対象の魂《たましい》を自分によびこみ、新しい生命力を身につけるという考えがあったのです。

「儿」に関係する次の文字は「兄」です。これは「儿」に「口」をのせた字。「口」は耳口の「くち」ではなく、お祈《いの》りの言葉である祝詞《のりと》を入れる器のことです。この「口」が「くち」ではなくて、神への祝いの祝詞を入れる器「サイ」であることを発見したのが、白川静さんの文字学の功績《こうせき》です。

「兄」は、その祝詞を入れる器「サイ」を頭上にのせている人を横から見た字形。これは家の中で祭りをする際《さい》に大切な「サイ」を強調している形です。家の祭りは兄弟の中で一番上の兄が行いました。そこから「あに」の意味となりました。

次に「祝」という字を説明しましょう。「祝」の旧字「祝」は「示《じ》」と「兄」で出来ています。「示」は神への祭りをする際に、お供《そな》えをのせるためのテーブルの形です。そこから神様を示《しめ》す文字となりました。「兄」は「祭りをする人」の意味です。これに神を示す「示」を加えて、神への祭りをすること。神への「いわい」をする意味となったのです。

もう一つ「儿」の関連字を紹介しましょう。それは「光」です。これは古代文字のほうが分かりやすいです。横向きの人がひざまずいて、頭上に「火」が輝《かがや》いていますね。人の頭の上に「火」をのせて強調、火をつかさどる人を表した文字です。古代中国では、火はたいへん大切なものでした。

古代文字
見
兄
ひざまずく人の形( )や袖(そで)にかざりをつけて舞(ま)い祈(いの)る形( )の古代文字も。神事に従事する兄の姿がわかる
祝
旧字
祝
光

# 歩

## 左右の足の足跡《あしあと》をかいた字のことです

音 ホ・ブ・フ　訓 あるく・あゆむ・ゆく

2年生

「手」に関連した漢字や「人」に関連した漢字について紹介《しょうかい》してきましたので、その「手」「人」に続く文字として、「足」に関係した漢字について説明したいと思います。

その「足」についての漢字の基本《きほん》は「止」です。「止」は足跡《あしあと》の形をそのままかいた漢字です。この「止」がもともとの「あし」を意味する文字でした。でも「止」が次第に「とまる」の意味に使われだしたので「足」の字が作られました。

「足」は「止」に「口」を加えた字形です。この場合の「口」は神への祈《いの》りの言葉である祝詞《のりと》を入れる器「サイ」のことではありません。この「口」は膝《ひざ》の関節の皿のことです。

「止」に膝の皿の形「口」を加えて「足」の字を作ったのですが、足に関連した漢字の基本はあくまでも「止」です。そのことをよく頭に入れておいてください。

例えば「歩」という文字は左右の足をかいた字形です。古代文字を見ると分かりますが、「止」に、さらに左右逆《ぎゃく》の「止」をもう一つ加えて、左右の足を示《しめ》して「あるく」意味になったのです。

大地に足を接《せっ》して歩くことは、その土地の霊《れい》に接する方法で、重要な儀式《ぎしき》に向かうときには、歩いて行くことが、その地霊に対する礼儀でもあったそうです。

さて「歩」が左右の足をかいた字だとしたら、では「走」はどんな漢字でしょうか。これも古代文字のほうが、ずっと分かりやすいです。現代《げんだい》の字形は「土」と「止」を合わせた形です。でも古代文字で「土」に相当する部分を見てみると、両手を振《ふ》っている人の姿《すがた》です。それに、足を示す「止」を加えて「はしる」意味となったのです。

漢字は非常《ひじょう》に体系的《たいけいてき》に作られた文字です。そのことを「先」の字を例に説明したいと思います。

「先」の古代文字の上部をよく見てください。「止」の古代文字と同じ形です。「兄」という字の回で、人を表す文字「儿《じん》」の上に、一つの字形をのせ、その機《き》能《のう》を強調して漢字を作ることを説明しました。この「先」も「儿」の上に「止」（足）をのせた漢字なのです。

つまり人の上に足をのせて「ゆく」意味を強調。そこから「さき」に行く「先行」の意味となったのです。さらに時間的な関係に意味を移《うつ》して「先祖《せんぞ》」などの言葉が出来ました。

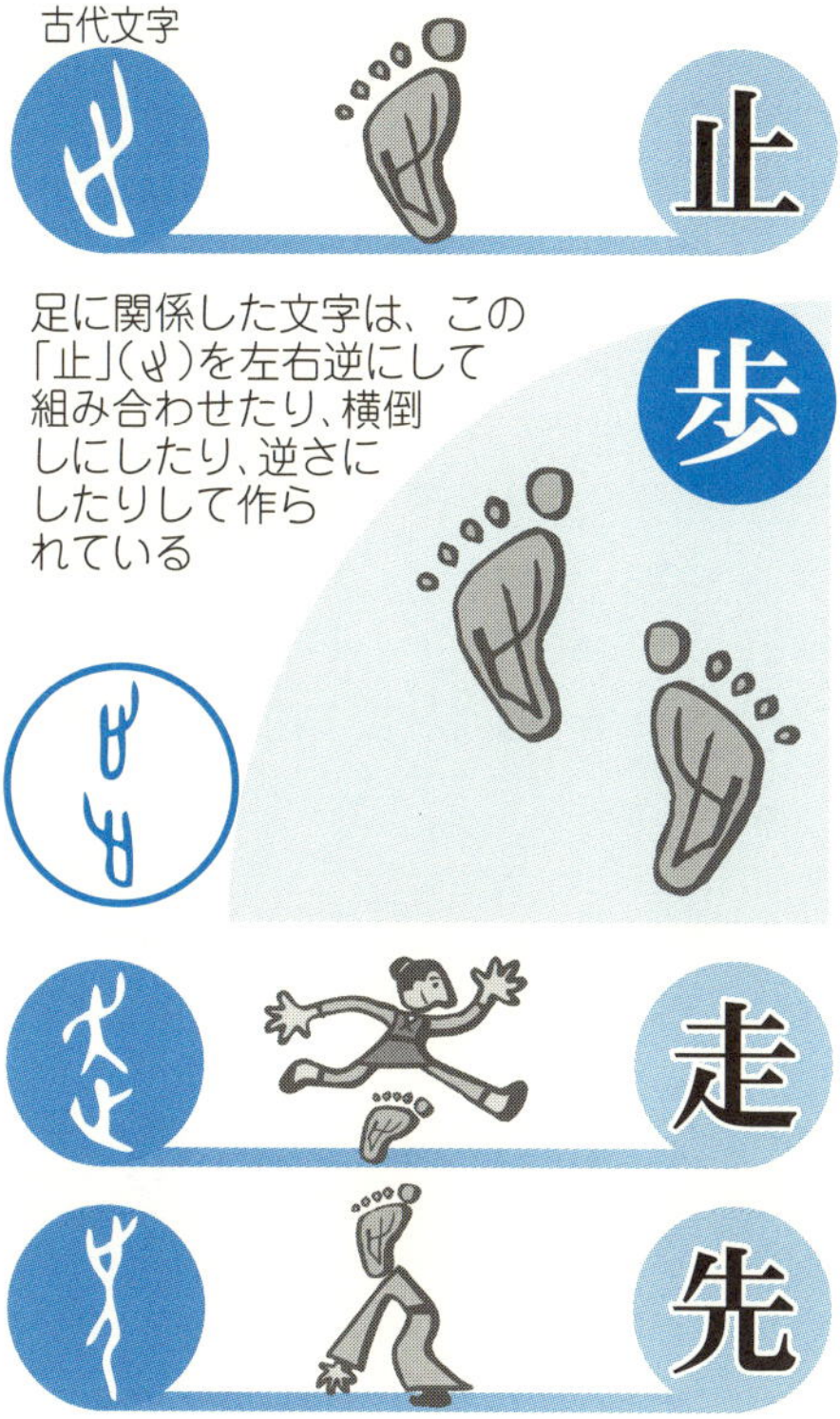

古代文字
止
歩
走
先
足に関係した文字は、この「止」（）を左右逆にして組み合わせたり、横倒しにしたり、逆さにしたりして作られている

# 正

## 城《しろ》に向かって進軍することです

音 セイ・ショウ　訓 ただしい・ただす・まさ・まさに

1年生

「ただしい」という意味の「正」という漢字、足に関係する文字だと思えますか？　でも「止」が「足」を意味するもともとの字であることを知って、もう一度、この「正」を見てください。

「一」と「止」が合わさった字形ですね。さらに古代文字を見てほしいのですが、これは「一」と「止」ではなく、「囗」と「止」を合体させたものになっています。

「囗」は顔の耳口の「口」でもなく、また神への祈《いの》りの言葉である祝詞《のりと》を入れる器「口《サイ》」でもありません。この古代文字の「囗」は城壁《じょうへき》で囲われた都市を意味しています。「止」は足ですから、城（囗）に向かって軍隊が進軍する意味の文字が「正」です。

この「正」がもっぱら「ただしい」の意味に使われだしたので、さらに「彳《ぎょうにんべん》」が加えられて「征《せい》」という字が作られました。「彳」は十字路の左半分を表す字形で、道を行くことです。今では「征服」など、敵《てき》を倒《たお》す意味の字には「征」が使われています。さらに「征」には征服した土地の民から「税金《ぜいきん》を取り立てる」という意味もあります。

また「政《せい》」という字も「止」の関連文字です。「正」は進軍して敵を征服すること。旁《つくり》の「攵《ぼく》」の元の形は「攴《ぼく》」です。「攴」は「卜」と「又《また》」を合わせた字形。「卜」は木の枝《えだ》のこと。「又」は手のことです。ですから「攴」は木の枝を手で持って、相手をたたくことです。

つまり「政」とは征服した土地の人たちを木の枝でたたいて、税金を取り立てることが第一の意味でした。それをつかさどる役目の長官を「正」といいました。今でも警察《けいさつ》官や検察《けんさつ》官の長を「警《けい》視正《しせい》」「検事正《けんじせい》」というのは、その名残です。

また「正義《せいぎ》」という言葉も「人がふみ行うべき正しい道」という意味ではなく、もともとの意味は征服者が倒した敵をたたいて、思うように「ただすための征服者の道理」のことでした。

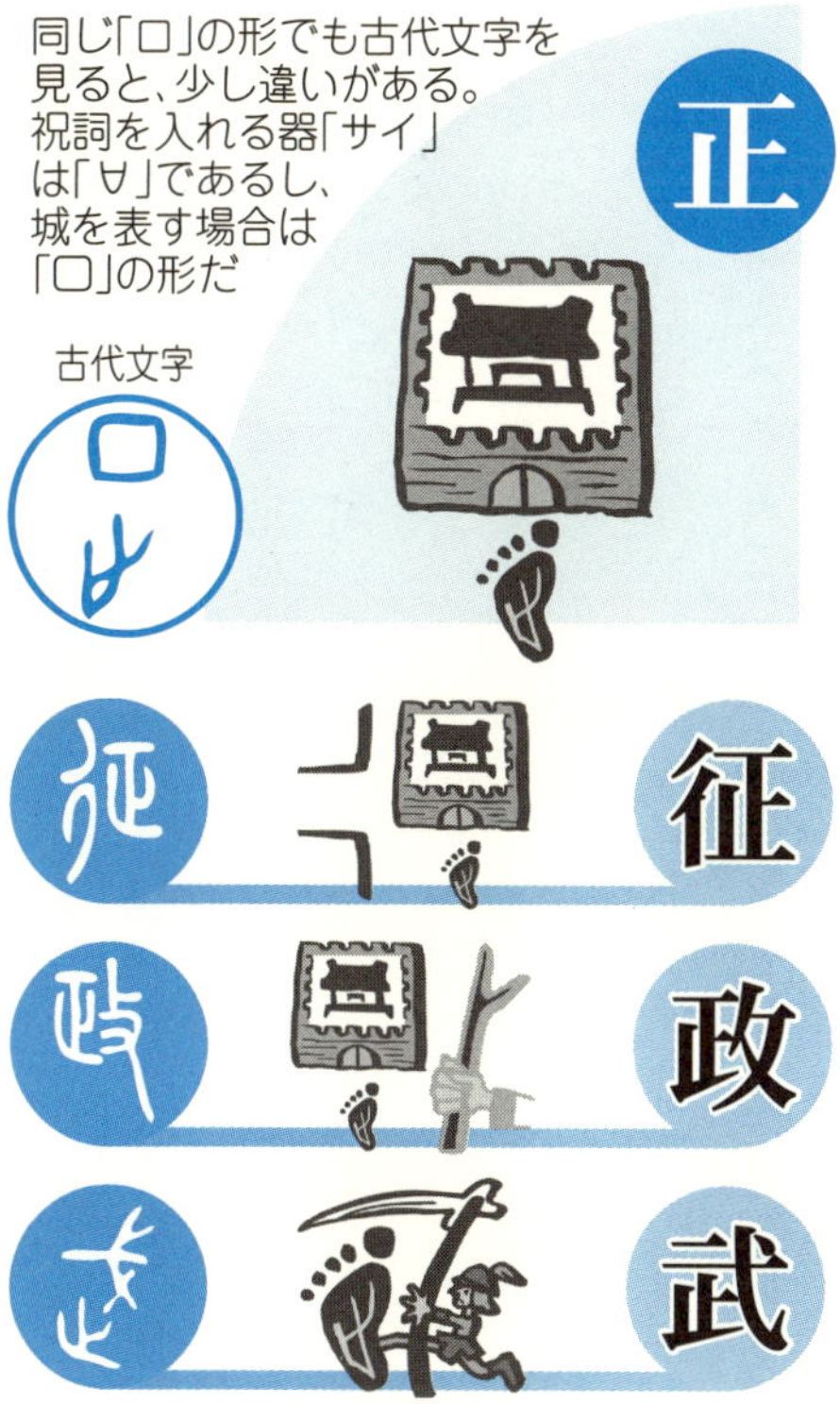
同じ「口」の形でも古代文字を
見ると、少し違いがある。
祝詞を入れる器「サイ」
は「∀」であるし、
城を表す場合は
「口」の形だ
古代文字
正
征
政
武

もう一つ、「止」の関連文字を紹介しましょう。それは「武《ぶ》」です。

「武」は「戈《ほこ》」と「止」を合わせた形です。「戈」を「止《と》める」と読んで、戦争を止める字だという人もいますが、それは間違《まちが》いです。

「止」は足の形で「ゆく」ことの意味です。それに武器である「戈」を加えた「武」とは戈を持って進軍することです。

# 降

## 天からの階段《かいだん》を神様がおりてくることです

音 コウ　訓 おりる・おろす・ふる・くだる

6年生

「止」は足跡《あしあと》の形で足を示《しめ》す漢字です。この「止」が足をめぐる漢字の基本《きほん》ですが、その「止」を上下逆《ぎゃく》にした下向き足の「夂《ち》」という字について、ここで説明したいと思います。

古代文字の「止」と「夂」を見比《くら》べてください。両者が上下逆なのが分かりますか？ 分かりにくい人は本を逆にして比べてください。この「夂」は「くだる」という意味。でも単独《たんどく》文字での使用はありません。その下向きの足「夂」をふくんだ漢字をいくつか紹介《しょうかい》しましょう。

「各」は「夂」と「口」を合わせた字です。「口」は耳口の「くち」ではなくて、神様への祈《いの》りの言葉である祝詞《のりと》を入れる器「サイ」のこと。「夂」は下降《かこう》する足の形ですね。

つまり祈りに応《こた》えて、神が天から降《お》りてきて、「サイ」の在《あ》る所に「いたる」という文字です。その時、単独で神様が降りてくるので「おのおの」の意味となりました。

「各」に「宀《うかんむり》」を加えたのが「客」です。「宀」は屋根の形で、一族の先祖の霊《れい》を祭る廟《みたまや》のこと。「客」は神を迎《むか》えると、廟にその神が降りてくることです。廟に降下してくる、その「客」は他から迎えた神（客神）のことです。日本でも同族の神と異《こと》なる神を「まろうど」と呼《よ》び、「客」をその意味に使います。後に神のことでなく、人間の客を意味するようになりました。

また「客」は旅人の意味にも使います。「過客《かかく》」は旅人のことですし、「客死」は他国や旅先で死ぬことです。

次に、神が降りてくる、その「降」という字を紹介しましょう。この「降」の右側の「夅《こう》」は「夂」の下に「ヰ」を置いた字形。「夂」は下向きの足ですが、実は「ヰ」のほうも下向きの足なのです。「夂」と「ヰ」で下向きの左右の足のことです。現代の字形「降」ですと分かりにくいですが、古代文字を見ると二つが同形なのが分かります。

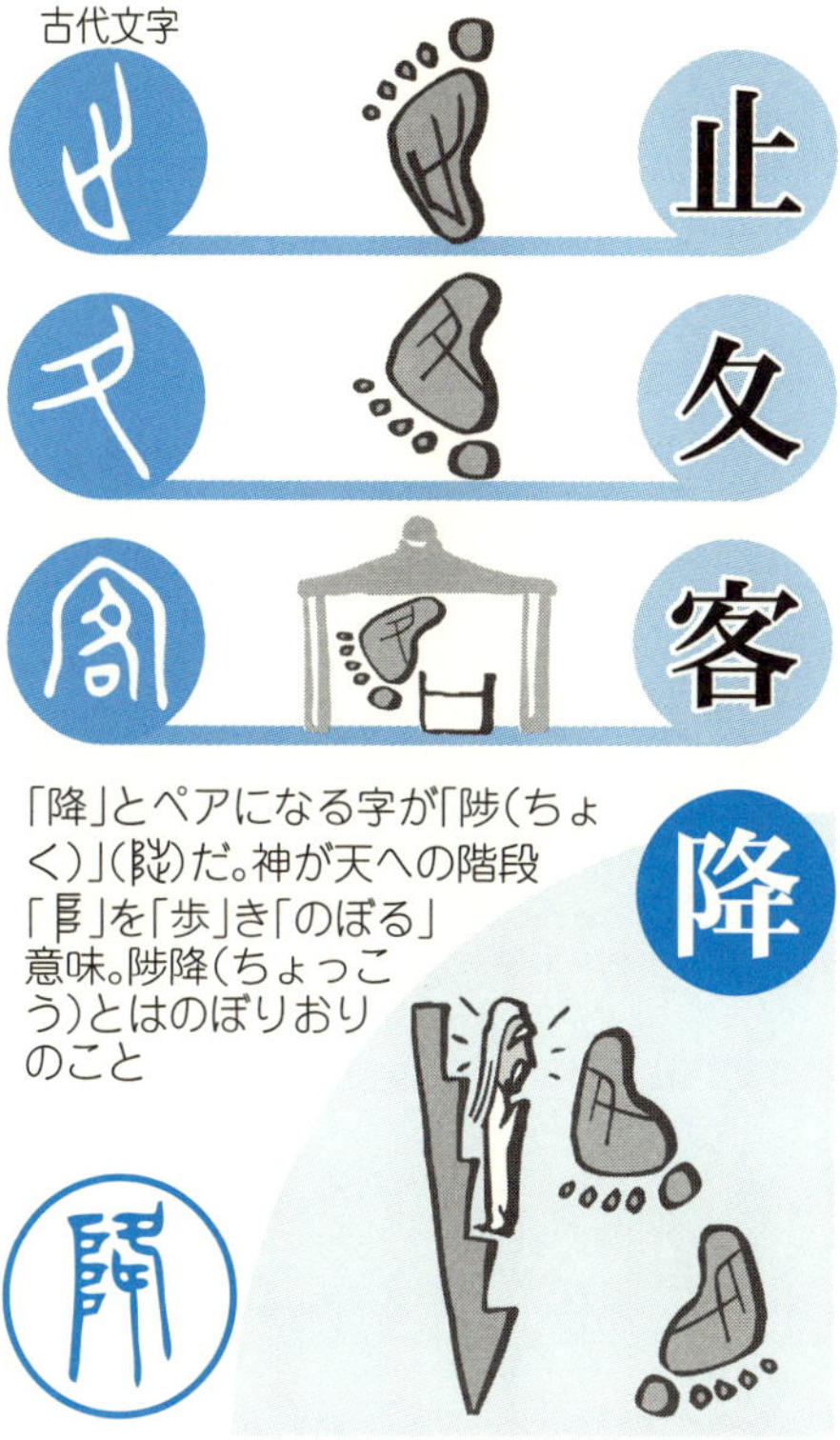


「降」とペアになる字が「陟（ちょく）」だ。神が天への階段「𨸏」を「歩」き「のぼる」意味。陟降（ちょっこう）とはのぼりおりのこと

つまり「降」の右側の「夅」は「夂」を縦《たて》に重ねたもので、左右の「止」を重ねた「歩」の転倒形《てんとう》なのです。

「際《さい》」のところでも説明しましたが、この「阝」は神様が天と地上を昇降《しょうこう》する階段《かいだん》（または梯子《はしご》）です。

それら「夅」「阝」を合わせた「降」は、その階段（または梯子）を神様が「おりてくる」という意味の字なのです。

# 行

## 十字路のことです

音 コウ・ギョウ・アン　訓 いく・ゆく・おこなう・みち

2年生

「行《ぎょうがまえ》」や「彳《ぎょうにんべん》」、さらに「辶《しんにゅう》」は漢字を構成《こうせい》する大切なパーツです。ですからここで、それらの字形をまとめて説明しましょう。

まず「行」です。これは古代文字を見ると、「なんだ、そうなのか」と思います。「行」は「十字路」の形をそのまま文字にしたものなのです。大きな道が交差している場所で、そこを人が行くので「いく、ゆく」の意味となり、行く行為《こうい》から、いろいろな行為の意味ともなりました。

この「行」という字は、その文字をふくむ言葉が日本に入ってきた時代の違いによって音読みが三つもあって、日本人はその音読みを使い分けています。「行楽《こうらく》」の場合は「コウ」ですし、「行《ぎょう》列《れつ》」の場合は「ギョウ」です。そして「行脚《あんぎゃ》」の場合は「アン」という具合です。

「彳」は、その左半分の形。現在《げんざい》の字形も「行」の左半分の字形ですが、古代文字も、十字路の左半分をかいたものです。小道のことで、これも「いく、ゆく」を意味する字形です。

次に「辶」です。これはもともと「辵《ちゃく》」という字形でした。「辵」は「彡」と「止」を合わせた字形をしています。この「彡」の部分は古代文字を見ると分かりますが、「彳」の字形なのです。

つまり「辵」は「彳」に、足を示《しめ》す字形「止」を加えて「道を行く」意味です。この「辵」が変化したものが「辶」なのです。だから「辵」と「辶」は同じ意味の字形と考えていいのです。

「北」という字の意味について紹介《しょうかい》した際《さい》に、「従《じゅう》」の字についても説明しました。「従」の旧字《きゅうじ》「從」は「从《じゅう》」「彳」「止」を合わせた文字になっています。

「從」のポイントは「从」の部分で、「人」が二人進む姿《すがた》から「したがう」の意味が生まれたことを述《の》べました。ここでは「从」以外の「從」の部分を見てください。

それは「彳」と「止」です。これは「辵」の字形の要素《ようそ》とまったく同じですね。だから「道を行く」意味の字形です。「從」の「从」以外の部分は「彳」と「止」が、「辵」や「辶」に変化していく前の古い字形の姿を現代に伝えています。

自分たちが住む、安全な村や町を出て「道を行く」ことは古代中国ではとても危険なことだった。それゆえに道を行くことに関する漢字は多い
古代文字
行
彳
旧字
辶
辶
從
従


つまり「行」「彳」「辶」はみな、道と、その道を歩み行く意味です。この「行」「彳」「辶」は、漢字を構成する要素《ようそ》として、この本の中でも繰り返し出てきますので、そのことをしっかり覚えておいてください。

# 衛

## 都市の周囲を巡回《じゅんかい》してまもることです

音 エイ　訓 まもる

5年生

「止」が「足」を表すもともとの字形でした。さらに「止」を上下逆《ぎゃく》にしたのが「夂《ち》」で、下向きの「足」の意味です。字形に「止」や「夂」をふくむ字について説明してきたので、今度は横倒《だお》しになった足をふくむ漢字を紹介《しょうかい》しましょう。

まず「韋《い》」です。この漢字は学校で習うことはないと思いますが、ここで紹介する漢字の中心的な字形です。理解《りかい》するだけでもいいですから、頭に入れてください。

この「韋」の古代文字をまず見てください。真ん中に「囗」の字形がありますね。その上に左側へ横倒しになった「止」の字形があるのが分かりますか。そして「囗」の下に上とは逆向きの、つまり右側へ横倒しになった「止」の字形があります。そのことをよく確認《かくにん》してください。

真ん中の「囗」は「正」の字の紹介のときにも説明しましたが、城壁《じょうへき》に囲まれた都市のこと。「止」は足ですから、「韋」は城壁に囲まれた都市の周りをぐるぐる歩いて回ることを表す字です。

足の方向が「囗」をはさんで逆向きですから、そこから「たがう」の意味となりました。ただし、この「韋」には「なめしがわ」という、もう一つ別な意味もあります。

次に「違《い》」です。これは「韋」に「辶《しんにゅう》」を加えた形。「辶」は「行」という漢字の回でも説明したように十字路の左半分「彳《ぎょうにんべん》」と足の形「止」を合わせて「行くこと」です。つまり「止」の方向が違《ちが》う「韋」に歩み行く「辶」を加えた「違」は行き違うことで、そこから「ちがう」「たがう」の意味となりました。

防衛《ぼうえい》や護衛《ごえい》などに使われる「衛」という字は「行」と「韋」を合わせた形です。

「行」は十字路のこと。それに「韋」を加えた「衛」は城壁で囲まれた都市の周囲をぐるぐる巡《じゅん》回《かい》して都市を「まもる」文字です。そこから、後にすべてのものを「まもる」意味になりました。

古代文字
止
韋
旧字
違
違
衛
衞
「衛」の古い字形には4つの足がかかれたものもある。「」がその字形。周囲をしっかり巡回して、都市を防衛していたことが分かる

ものごとの成り行きのことを「経緯《けいい》」と言いますが、この「緯」にも「韋」がふくまれています。「緯」は織物《おりもの》を織る際《さい》の横糸のことです。織機《しょっき》の中を左に行ったり、右に行ったりする横糸を「緯」と言います。

ですから「緯線」は地球上の位置を表すために緯度が等しい地点を連ねて、横に走っている仮想《かそう》の線のことです。ちなみに「経」は縦糸《たていと》のことです。

# 進

## 進軍させるべきかどうかを鳥占《とりうらな》いすることです

音 シン　訓 すすむ・すすめる

3年生

古代中国で鳥は、神様の考えを伝えるものでした。ですから鳥を使った鳥占《とりうらな》いというものが行われたのです。このため漢字には鳥占いの関連文字がたくさんあります。その鳥の字形の中心は「隹《とり》」です。「旧《ふるい》」という字の旧字《きゅうじ》「舊」の字形の中に「隹」がふくまれているので「ふるとり」と呼《よ》ばれています。この「隹」をふくんだ字でまず分かりやすい例を挙げると「進」がそうです。

これは「辶《しんにゅう》」と「隹」で出来ています。「辶」は「行」の回でも説明しましたが、「彳《ぎょうにんべん》」に「止」を加えた字形です。「彳」は十字路の左半分、「止」は足のことで、「辶」は道を行くことです。

その「辶」に「隹」を加えた「進」は軍隊を進軍させる際《さい》に鳥占いをして、神様の意思を聞いてから前進させたことを表す字。そこから「すすむ」の意味になりました。

「推《すい》」も鳥占いの字です。鳥占いをしてから物事を推進したのです。今も「推測《すいそく》」「推察」という言葉には占い的な意味が残っていますね。

「誰《たれ》」という字にも「隹」がありますね。もちろん、この「誰《すい》」も鳥占いの文字です。自分に呪《のろ》いがかけられているときに、自分に害を加えている者の名前を問う鳥占いが「誰《だれ》」です。

「それはだれ？」と、自分を呪っている者の名を問うことが、そのまま疑問代名詞《ぎもんだいめいし》として残ったのです。何か、ちょっと怖《こわ》いですが、不思議と納得《なっとく》できる文字の成り立ちです。

「唯《ゆい》」という字は「隹」に「口」を加えた文字です。「口」は繰《く》り返し説明していますが、顔の「くち」ではなく、神様への祈《いの》りの言葉である祝詞《のりと》を入れる器です。その祝詞の入った器の前に鳥を置いて、鳥の動きによって神様の意思を判断《はんだん》しようという文字が「唯」です。

その神様の判断に対して、「ハイ」と肯定《こうてい》的に答え従《したが》うのが「唯」で、そこから「しかり」という意味にもなりました。

古代文字では、特別にあがめられる鳥以外は、尾(お)が短いか、長いかに関係なく、すべての鳥が「隹」の字形にかかれている
進
旧字
進
古代文字
推
唯
雖


ついでに覚えておくといいのが「雖《いえども》」です。これは「唯」と「虫」を合わせた字なのです。祝詞の入った器が虫に侵《おか》されて、祈《いの》りの効果《こうか》が損《そこ》なわれています。つまり呪いの虫によって神の意思が侵《おか》されているので、そのような神の意思を実行することは留《りゅう》保《ほ》しなくてはなりません。

それゆえに肯定的な「唯」とは逆《ぎゃく》に「雖《すい》」は「いえども」という意味になりました。

# 観

## 農作物の豊作凶作《ほうさくきょうさく》について鳥を見て占《うらな》うことです

音 カン　訓 みる

4年生

「観光」「観劇《かんげき》」などの言葉に使われる「観」（觀）の字も鳥占《とりうらな》いに関係しています。

この「観」（觀）にも「隹《ふるとり》」の字形がありますが、旧字《きゅうじ》の「觀」の偏《へん》「雚《かん》」は「雈《かん》」に小さな「口」を二つ加えた字形になっています。草かんむりのような部分は「艹」が正しい字形で、羽による角を表しています。それに鳥を意味する「隹」が加わった「雈」はミミズクのことです。

この場合の二つの「口」は目です。それらを合わせた「雚」は羽による角がある、目の大きな鳥のことで、神聖《しんせい》な鳥として鳥占いに使われました。日本ではコウノトリを意味します。

この「雚」を使って鳥占いをして、神の判断《はんだん》を「見る」こと、察することを「観」というのです。「際《さい》」という字を紹介《しょうかい》した回で、「祭」が神様の意思をうかがい察する文字であることを説明しました。そして「観」も神意を察する文字です。「観察」とは鳥を見て神意を察することでした。

次に「歓《かん》」（歡）です。旁《つくり》の「欠」は口を開いて立つ人を横から見た姿《すがた》です。つまり「歡」とは「雚」を前に、声を出して祈《いの》る姿なのです。そうやって祈り願うことが実現《じつげん》したことを「よろこぶ」という文字です。

さらにいくつか「雚」に関する文字を紹介《しょうかい》しましょう。「勧《かん》」（勸）の「力」の部分は農具の「すき」のことです。鳥占いで農作物の豊作凶作《ほうさくきょうさく》を占ったのです。それで神様の意思を知り、農作業を進めたので「すすめる」の意味がありますし、農作業に「つとめる」の意味も生まれました。

鳥占いで農作物の豊作凶作を占い、神意を得て、そこから、すすめ誘《さそ》う「勧誘《かんゆう》」や、すすめ励《はげ》ます「勧奨《かんしょう》」などの言葉が生まれ、すべてのものを「すすめる」意味となっていきました。

最後に「権《けん》」（權）です。「権」とは重量を「はかる」こと。または、はかりの「重り」のことです。重さをはかるときには重りを臨機応変《りんきおうへん》に取りかえなくてはなりません。そこから臨機応変の意味もあります。この「権」（權）も白川静さんは鳥占いの字に挙げています。つまり鳥に「はかる」という意味です。

「勧」が農耕に関する鳥占いの文字なので、「観」も、もともとは農耕についての神の意思を見ることに関係した文字だったと思われる
観
旧字
觀
古代文字
歓
歡
勧
勸
権
權


「権力」などの言葉にしばしば使われますが、臨機応変に対《たい》処《しょ》する意味から「強行する」という意味となり、権力、権勢《けんせい》の言葉が生まれたようです。

「はかり」「おもり」の意味にも使われます。「権量」とは「はかりと、ます」です。

# 集

## 鳥がたくさんとまった木のことです

**3年生**

音 シュウ　訓 あつまる・あつめる・つどう・なる

「隹《ふるとり》」が鳥であることが分かって漢字を見つめてみれば、なるほどと驚《おどろ》く文字がたくさんあります。そういえば、この字にも「隹」がふくまれていたという漢字を紹介《しょうかい》しましょう。

まず「集」です。これは「木」の上に「隹」がとまっている字形です。本来の字形は木の上に「隹」が三羽とまっている形をしています。

イラストの部分にその字形を書いておきました。この字形なら、これ以上説明する必要がないですね。木の上に鳥がたくさん集合していることから「あつまる」の意味となったのです。

この「集」の関連文字を一つ紹介しましょう。それは「雑《ざつ》」です。「雑」は「九」と「木」と「隹」、つまり「九」と「集」で出来ている字です。「九」の部分は旧字《きゅうじ》「雜」や古代文字の形を見てほしいのですが、衣の襟《えり》を重ねて結びとめた形で、衣のことです。その衣を染《そ》めるのに多くの草木を集めて用いました。多くの色がまじっている状態《じょうたい》が「雑」で「まじる」の意味となりました。

次は「隻《せき》」です。「又《また》」は繰《く》り返し説明していますが、手のことです。「隹」は鳥ですから、「隻」は一羽の鳥を手で持っている姿《すがた》のことです。それゆえに「ひとつ」の意味になりました。そこから「隻眼《せきがん》」「隻手」などの言葉も生まれたのです。

でも「ひとつ」という意味は後の時代になってからのようです。最初は「鳥をとる」意味、動物をとる意味でした。さらに甲骨《こうこつ》文字などの古い文字でかかれた文では「人」をとって捕虜《ほりょ》にする意味でも「隻」の文字が使われていました。つまり「獲《かく》」の元の字が「隻」だったのです。

その後、「隻」に「犭《けものへん》」などを加えて「獲」ができ、「獲」の字が猟犬《りょうけん》を使って「動物をとる」意味になり、さらにいろいろな「ものを獲得する」意味になっていきました。

また農作物をとるときには「隻」に「禾《のぎへん》」を加えて、「穫《かく》」の文字も出来ました。ただし、この「穫」は「獲」よりも、後で出来た文字のようです。

この字も実は鳥占いに関係している。木の上に鳥がたくさん集まることは、めでたいことが起きる前兆だと思われていた
正字
雧
集
古代文字
旧字
雜
雑
隻
旧字
雙
双

「隻」の関連文字で、ぜひとも現代人《げんだいじん》に知ってほしいのは「双《そう》」という字の成り立ちです。これは「双」の旧字「雙」を見れば明らかですが、手で鳥を二羽持つ形です。そこから「ふたつ」の意味となりました。

文字が簡単《かんたん》になって、その意味が分からなくなってしまう例がここにもあります。

# 奮 鳥の形をした霊《れい》となって飛び立とうとしていることです

音 フン　訓 ふるう・はげむ

6年生

空に向かって飛び立つ鳥は古代人にとって特別な存在《そんざい》でした。そのように飛び立つ鳥を引きとめたり、逆《ぎゃく》に引きとめるものを退《しりぞ》けて鳥が飛び立ったり。そんなことが反映《はんえい》した漢字もあります。

「隺《かく》」という字は、鳥の形である「隹《ふるとり》」と、わくの形「冂《けい》」を合わせたものです。鳥をしっかり引きとめるので「かたい」という意味です。でも学校で習う漢字ではないので、まずは理解《りかい》するだけでいいと思います。

その「隺」に「石」を加え、さらにしっかりと引きとめている字が「確《かく》」です。より確実に引きとめるので「たしか」の意味となりました。ただし、この「確」は中国の古い漢字の字書にもなぜか未収録《みしゅうろく》。だから古代文字が残っていません。

また古代中国人たちは、空を自由に飛ぶ鳥と人間の霊魂《れいこん》の姿《すがた》とを重ね合わせて考えていました。人が死ぬと、その人の霊が鳥の形となり、飛び立っていくと考えていたのです。この鳥形霊に関係した字を二つ紹介《しょうかい》します。

一つは「奪《だつ》」です。これは「大」「隹」「寸《すん》」を合わせた字。「隹」は鳥。「寸」は何回か説明してきましたが、「手」のことです。

「大」は古代文字を見てください。この「大」は衣の上半分の形で、衣の省略形《しょうりゃくけい》です。「隹」の字形の周囲にかかれているのが衣です。つまり死者の衣（「大」）から死者の霊が鳥（「隹」）の形となって飛び立っていくのを、手（「寸」）で必死にとどめているのが「奪」なのです。

人の霊が鳥の形となって脱出《だっしゅつ》するので「うばう」の意味となりました。

もう一つの鳥形霊の字は「奮《ふん》」です。これは「大」「隹」「田」を合わせた字です。やはり「大」は衣の上半分で、衣の省略形です。「隹」は鳥のこと。「田」は鳥かご、または鳥の脚をとどめておく道具のようなものです。

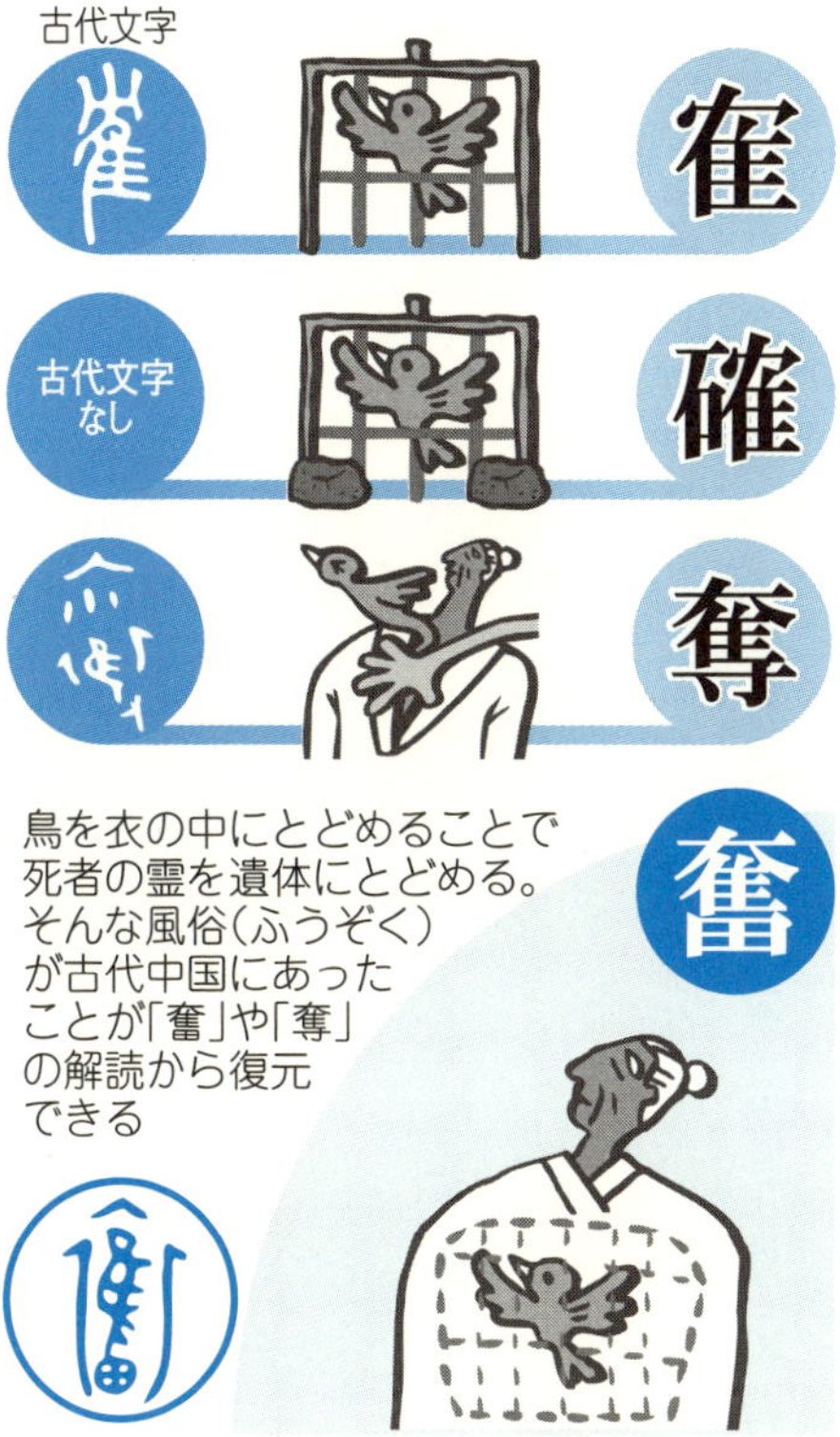
古代文字
隺
古代文字なし
確
奪
奮
鳥を衣の中にとどめることで死者の霊を遺体にとどめる。そんな風俗（ふうぞく）が古代中国にあったことが「奮」や「奪」の解読から復元できる

つまり死者の衣の中に鳥かごのような物（または鳥の脚《あし》をとどめておく道具のようなもの）を入れて、死者の霊魂が鳥形霊となって飛び立たないようにしているのです。

でも鳥（霊）はとどめる力を退けて飛び立つのです。それが「奮」です。鳥が奮《ふる》い立ち、飛び立とうとしている字が「奮」なのです。

# 衣

衣をまとうことで人の霊力《れいりょく》を受け継《つ》ぐことです

音 イ・エ　訓 ころも・きる

4年生

「雑《ざつ》」の「九」の部分、また「奪《だつ》」「奮《ふん》」の「大」の部分は「衣」の省略形《しょうりゃくけい》でした。そのように「衣」に関連した字が多いのです。

その漢字にたくさんある「衣」に関係する文字をまとめて説明したいと思います。

古代中国では「衣」に人の霊《れい》の力が宿っていると考えられていました。ですから人の霊力を受け継《つ》ぐ意味の文字に「衣」が多くふくまれています。

「衣」を通して霊力を受け継ぐという考えは日本にもありました。新天皇《てんのう》が即位《そくい》した後の大嘗会《だいじょうえ》の時、つまり即位後に初めて収穫《しゅうかく》した穀物《こくもつ》を祭る際《さい》には「天《あま》の羽衣」とも呼ばれる衣や「真床襲《まとこお》衾《ふすま》」という夜具をまとう非公開《ひこうかい》の儀式《ぎしき》があります。そうやって先代天皇から新天皇が力を受け継ぐのです。

その「衣」の霊力に関する文字として、まず「依《い》」を紹介《しょうかい》しましょう。これは「人」に「衣」を加えて、霊を移《うつ》す儀礼を表す文字です。霊の乗り移っている「衣」を人により添《そ》えて、霊を移したのです。そこから「よる」の意味になりました。

歌舞伎《かぶき》役者や落語家の何代目襲名《しゅうめい》という場合の「襲」にも「衣」がふくまれていますね。これは死者の「衣」に「龍《りゅう》」の文様をかいて、その衣を襲《かさ》ねて着せるという文字です。

位を襲《つ》ぐ儀式のとき、その衣を上に襲ねたので「つぐ」という意味になりました。もともとは日本の『源氏物語《げんじ》』にも出てくる襲ね着をすることの意味ですが、その地位、ポストを襲ぐことから「おそう」の意味となりました。ですから襲撃《しゅうげき》の意味の「襲」は後の用法のようです。最後は「末裔《まつえい》」（子孫のこと）などに使われる「裔」です。下部「冋《けい》」は「衣」を掛《か》ける台です。つまり「裔」は「衣」を衣掛けに掛けた形です。

衣
「衣」は襟元（えりもと）を合わせた衣の形をそのまま文字にしたもの。日本では右前だが、中国の古代文字では左前にかかれているものが多い
古代文字
依
襲
裔


先祖《せんぞ》を「衣」によってしのび、その霊を継承《けいしょう》することが考えられていたのです。そのことを表した文字です。このことから「すえ」「ちすじ」の意味となりました。

この漢字は学校では、まだ習わないでしょうが、でも「末裔」は「平家の末裔」などのように、しばしば使われる言葉です。小学生、中学生の人たちも覚えておくといいと思いますよ。

# 卒

## 死者の霊《れい》が外に出ないように襟《えり》を結び留《と》めることです

音 ソツ・シュツ　訓 しぬ・おわる・ついに

4年生

「衣」によって死者の霊《れい》を受け継《つ》ぐという考えもそうですが、「衣」の字形は死者の衣を表す場合が多いのです。その亡くなった人の「衣」に関係した字を紹介《しょうかい》しましょう。

まず「卒」です。「卒」と「衣」の古代文字を見比《くら》べてください。「衣」の古代文字に「ノ」を加えた形が「卒」の古代文字になっていますね。

これは人が死んで「衣」の襟《えり》を重ね合わせ、結び留《と》めることを表している文字です。そうやって死者の霊が外に出ないようにしています。または悪いものが死体に入り込《こ》まないようにしているのです。そこから「卒」は「しぬ」「おわり」などの意味となりました。

「哀《あい》」も「衣」関係の文字です。これが「衣」と「口」を合わせた字であることが分かりますか？

「衣」の字形が上下に分かれて、その間に「口」の字形が入っている文字が「哀」です。

この「口」は繰《く》り返し説明していますが、神への祈《いの》りの言葉を入れた器「サイ」です。その「口《サイ》」を死者の衣の襟元の上に置き、死者のことを祈るのです。そうやって死者を哀《あわ》れみ、亡くなった人の魂をよびかえす哀告の儀礼《ぎれい》を「哀」と言います。日本語では「あわれ、あわれむ、かなしい」の意味に使います。

この「哀」とよく似《に》ている字形に「衰《すい》」があります。漢字を勉強し始めたころには、この「哀」と「衰」

が実にまぎらわしく区別しにくい字形に感じました。みなさんはどうですか？

でもこの「衰」の字形の上下にあるのは「哀」と同様に「衣」の文字です。そして「哀」の「口」に相当する位置に、「衰」で置かれているものは「冄《ぜん》」という字形です。これは古代文字のほうが分かりやすいのですが、「冄」は麻《あさ》の組みひもの形なのです。

麻の組みひもは死者のけがれたものを祓《はら》う意味があります。だから「衰」は死者の襟元に麻の喪《も》章《しょう》をつけた喪服の意味です。

今でもそうですが、葬儀《そうぎ》のときにはふだんの礼をひかえ、少なくするので「おとろえ」という意味になりました。「衰弱」は衰《おとろ》え弱ること。「老衰」は年をとって衰えることです。

死者の衣の襟元に祈りの言葉を入れた器を置く「哀」。死者の衣の襟元に喪章の麻の組みひもを着ける「衰」。やはり少し似てるかな。

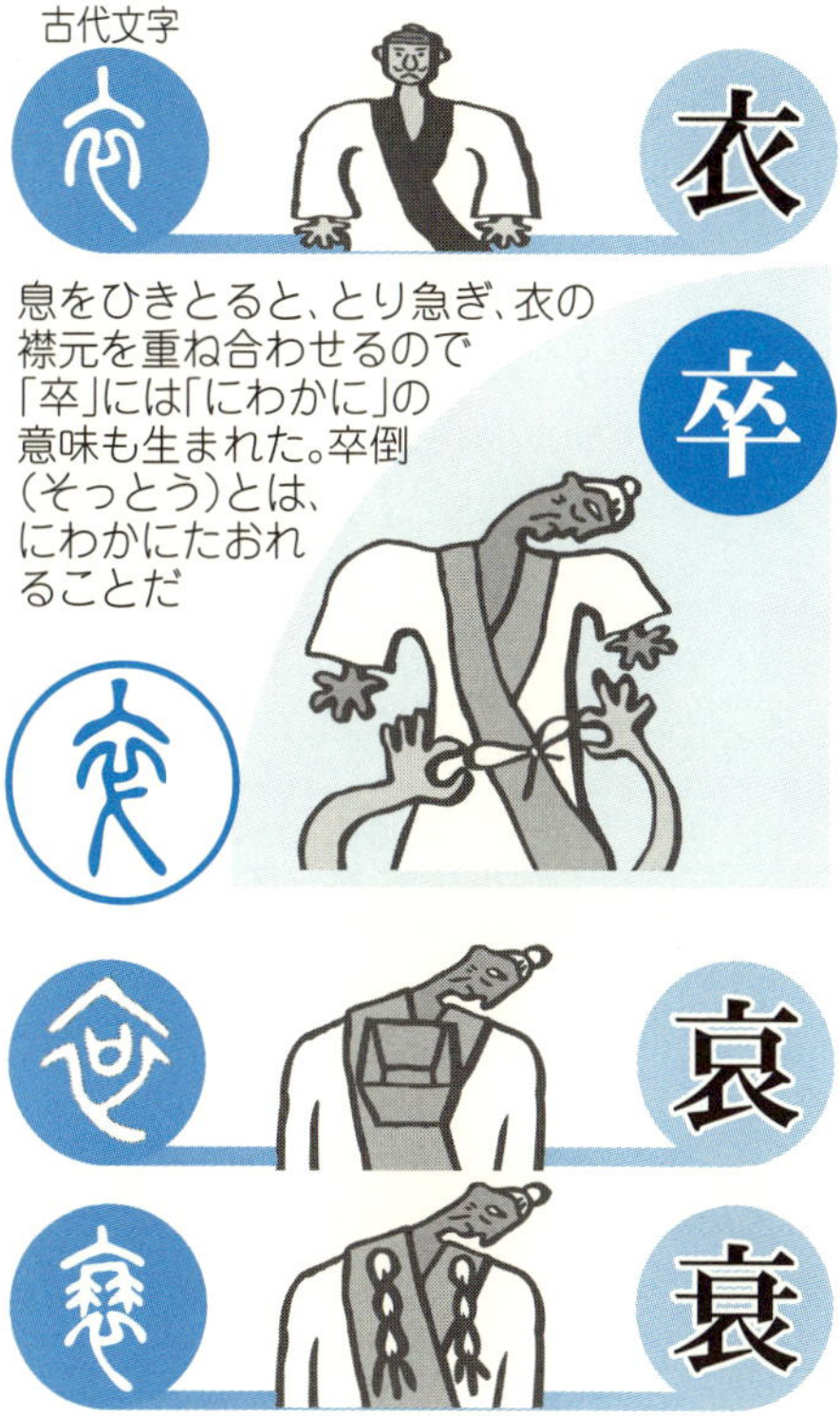
古代文字
衣
卒
息をひきとると、とり急ぎ、衣の襟元を重ね合わせるので「卒」には「にわかに」の意味も生まれた。卒倒（そっとう）とは、にわかにたおれることだ
哀
衰

# 遠

## 死者が遠くに行ってしまうことです

音 エン・オン　訓 とおい

2年生

ここで紹介《しょうかい》する漢字も「衣」と死者をめぐる文字です。横形の「目」や「辶《しんにゅう》」などが組み合わさっている字形なので、ちょっと似《に》た印象を残す漢字です。

まず「懐《かい》」です。この「懐」の旧字《きゅうじ》「懷」の旁《つくり》「褱《かい》」は「衣」に「眔《とう》」を加えた文字です。「衣」の文字が上下に分かれて、その間に横形の「目」と「水」のような字形を合わせた「眔」が入っています。「眔」は目から涙《なみだ》が流れる様子をそのまま文字にしたものです。

だから「褱」は死者の衣の襟元《えりもと》に涙を垂《た》れて哀惜《あいせき》すること。それに「忄《りっしんべん》」を加えた「懐」は死者を「なつかしむ」意味です。

「環《かん》」の旁は、死者の「衣」の襟元に「□」を置いています。この「□」は、神様への祈りの言葉を入れる器「口《サイ》」ではありません。古代文字を見てください。丸い玉の形をしています。死者の霊力《れいりょく》を高めるために玉を襟元に置き、さらに生き返ることの象徴《しょうちょう》として横形の「目」をかきました。こうやって死者が生き返ることを願う儀式《ぎしき》を表している字形です。

これに「玉」を示《しめ》す「王」を加えて「環《かん》」となりました。この儀式に使う玉を「環」と言います。だから「たま」「たまき」の意味になり、円形なので「めぐる」意味にもなりました。「循環《じゅんかん》」は一回りしてもとに返ることをくり返すこと。「環境《かんきょう》」は人間や生物をとりまく外界のことです。

「環」の「王」の代わりに「辶」を加えたのが「還《かん》」です。死者の復活《ふっかつ》を祈《いの》る儀式が「環」の旁の部分で「生き返る」という意味があります。それに道を行く「辶」を加えて「還」は「かえる」の意味になりました。

古代文字
旧字
懐
懷
環
環
還
還

最後は「遠」という字です。この字形の中にある「口」も死者の霊力を増《ま》す玉のこと。その下の字形は「衣」です。「口」の上の「土」は「之《し》」という字の変形で、古代文字を見ると分かりますが、この土の部分（之）は「止」と同じ「足」の形です。これは死者の枕元《まくらもと》に置かれた履物《はきもの》のことです。つまり死者の襟元に玉を置き、枕元に履物を置いて死者を送るのです。それに行くことを表す「辶」を加えたのが「遠」です。

遠
遠
日本でも死者を送る際に死者の足もとに草履（ぞうり）を置き、足袋（たび）や脚絆（きゃはん＝すねに巻き、ひもで結ぶもの）をつけたりする

「遠」とは、死者が遠くに行くことが、最初の意味でした。そこから遠くへ行く「とおい」の意味となりました。

# 笛

## 竹でできた空っぽの物のことです

音 テキ　訓 ふえ

3年生

白川静さんの文字学を知ると、古代中国人の生活ぶりがよく伝わってくる漢字の系列《けいれつ》がたくさんあることが分かります。でもここでは、そんな古代中国への理解《りかい》・知識《ちしき》がなくても、字形を見たらパッと分かる文字の系列を紹介《しょうかい》したいと思います。それは「由」に関連した漢字です。

この「由」はヒョウタンの類のことです。ヒョウタンは熟《じゅく》すと、中身が油状《ゆじょう》となり、その中身が外に出てしまうと空洞状態《くうどうじょうたい》となります。ですから、この「由」を字形内にふくむ文字には「空っぽ」という意味があります。

でもこの「由」には単独《たんどく》の古代文字形がありません。白川静さんは「由」について「その由来を知りがたい字」と字書に書いています。古代文字がない「由」は「由来を知りがたい」としゃれているわけです。白川静さんは字書にもこんなしゃれを書く楽しい人でした。

そのヒョウタンの実が熟して油状になったものを「油」と言います。

この油状になったヒョウタンの実を手でくり抜《ぬ》き、中身を外に引き出すことを「抽《ちゅう》」と言います。そこから「ぬく」「ひく」の意味になりました。

空っぽを示《しめ》す一番分かりやすい例は「宙《ちゅう》」でしょう。これは「宀《うかんむり》」と「由」を合わせた文字。「宀」は屋根の形で建物や空間を表します。「由」は空っぽの意味。だから「宙」は空っぽの空間のことです。

そこから「そら」の意味となりました。

「笛」もその由来を知ればなるほどと思う字です。「竹」で出来た空っぽのもの（由）といえば「ふえ」のことですね。「軸《じく》」とは車軸のこと。車軸受けの空洞の空間を車軸が回転している姿《すがた》から生まれた字で「じく」の意味になりました。

「袖《そで》」は比較《ひかく》的後世の漢字ですが、これも空っぽの空間の意味をふくんでいます。袖口から衣の中をのぞくと空っぽのように見えるので「そで」の意味となったのです。

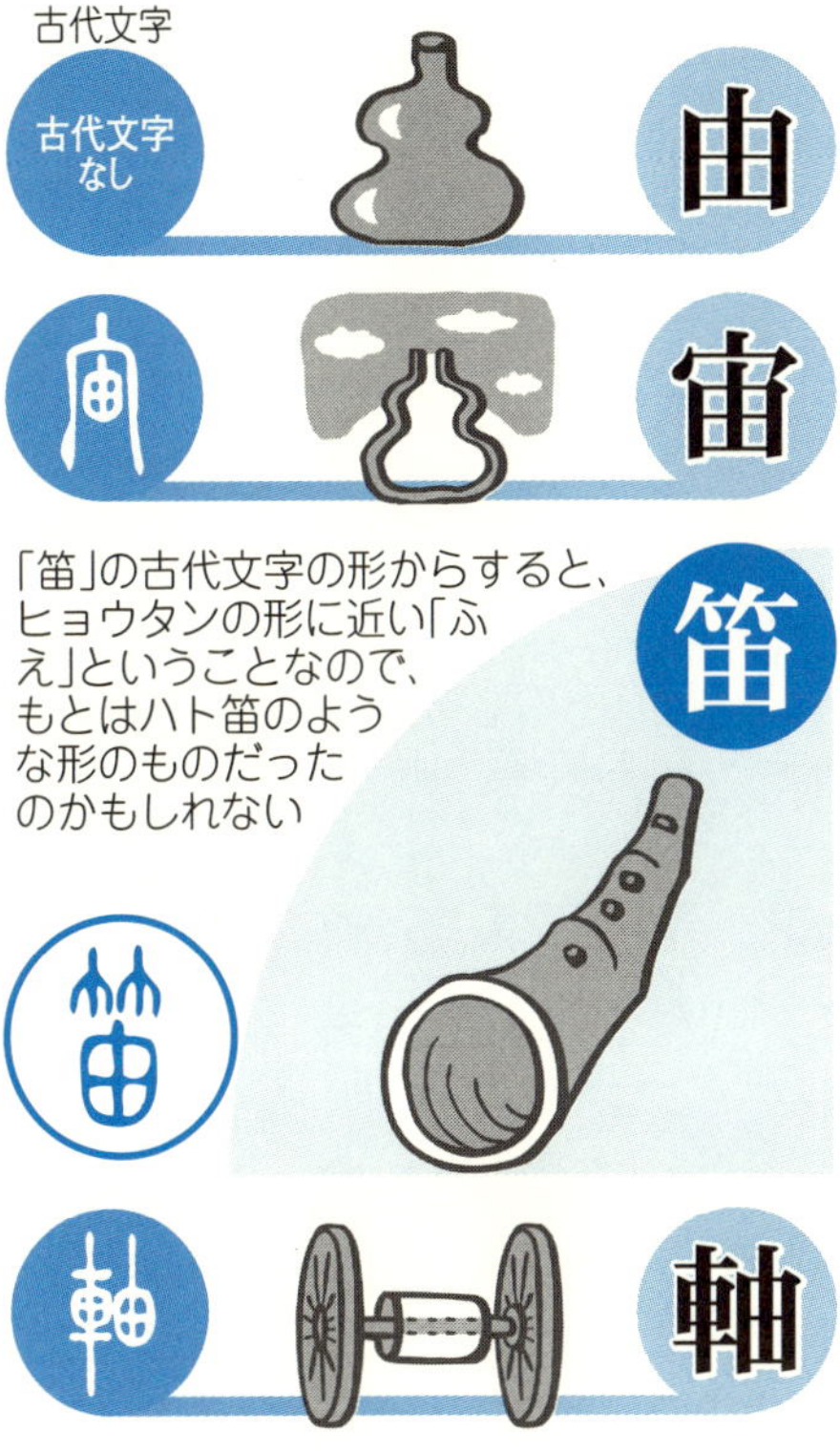
古代文字
古代文字なし
由
宙
笛
軸
「笛」の古代文字の形からすると、ヒョウタンの形に近い「ふえ」ということなので、もとはハト笛のような形のものだったのかもしれない

　最後に「空っぽ」の意味ではない「由」をふくんだ漢字を一つだけ紹介したいと思います。それは「釉《ゆう》」という文字です。これは焼き物のつやを出すために用いる「うわぐすり」の字です。「油」という字には「つや」の意味があります。そして「釉」にも「つや」の意味があります。

# 主 家で火を持つ者のことです

音 シュ・ス　訓 ぬし・おも・あるじ・おもに

3年生

一つ理解《りかい》したら、一目瞭然《りょうぜん》に系列《けいれつ》の漢字が分かる文字をここでも紹介《しょうかい》しましょう。

それは「主」という字です。古代文字の上部はU字形の中に「|」が一本直立している形です。この真っすぐ立っている「|」の部分は火のついた灯心です。U字形の部分は灯心と油を入れて火をともす鐙《あぶらざら》。下の「土」の字形は鐙をのせる台です。今の「主」は古代文字のU字形が横に真っすぐ伸《の》びて一本線になった形。古代文字の直立する灯心部は今の字では一番上の「丶」がそうです。

古代中国では、火はとても神聖《しんせい》なものでした。火を持つ者は一族や家の中心的な人でした。そこから「主」が「あるじ」の意味となったのです。

この灯心が直立した「主」の字形には「直立したもの」の意味があります。

例えば「柱」という漢字がそうです。灯心が直立するように木が直立していることを「はしら」と言います。建物をしっかり支《ささ》えているのが、その「柱」で、そこからいろいろなものを支えるものの意味になりました。

また「住」は比較《ひかく》的新しい文字なので古代文字形はありませんが、これは直立した柱を並《なら》べて人が住む所という意味です。さらに燭台《しょくだい》が直立して動かないことから「主」には「停留《ていりゅう》する」意味があります。「定住」「安住」がその意味の言葉です。

同様に「停留」する意味の文字が「駐《ちゅう》」という字です。「馬」と「主」を合わせ、馬を留《とど》めることから、すべてのものを「とどめる」意味となりました。自動車をとどめる「駐車」、軍隊がとどまる「駐留」などの言葉があります。

最後に「直立」「停留」の意味とは違《ちが》う「主」の字を紹介しましょう。それは「注」です。鐙に「油をそそぐ」というのがもともとの意味です。そこから液体《えきたい》を「そそぐ」意味になりました。

鐙の中で燃えている炎(ほのお)を火主(かしゅ)と言う。古い古代文字の中には「」のように炎の姿をそのままかいた文字もある
主
古代文字
柱
駐
注

そして「傾注《けいちゅう》」という言葉によく表れていますが、容器《ようき》を傾《かたむ》けて液体をそそぐ「注」の意味から、「心を注ぎ込《こ》む」という精神《せいしん》的な意味になりました。さらにそこから「注意」「注目」などの抽象《ちゅうしょう》的行為《こうい》を示《しめ》す言葉にも使われだしました。また「註《ちゅう》」という字は本文に説明の言葉をくっつけて解説《かいせつ》することです。「注」と似《に》てますね。

# 親

## 位牌《いはい》を拝《おが》んでいる姿《すがた》のことです

音 シン　訓 おや・したしい・したしむ・みずから

2年生

白川静さんの漢字学の特徴《とくちょう》は一つの文字を理解《りかい》できると関連文字が次々に分かることです。一つの文字を面白く述《の》べる漢字の説明はありますが、そこから関連する文字を説明できなければ、単なる俗説《ぞくせつ》にすぎないのです。

白川静さんは小学生のころに「親」という字を「おまえたちは学校が終わったら家にも帰らないで遊びほうけているだろう。心配で木の上に立って、子どもたちを見てさがしている字が『親』だ」と先生に教わったそうです。

確《たし》かに「親」は「木」「立」「見」で出来ています。白川さんも「いちおう理屈《りくつ》におうとる」と笑っていました。でもこの説明では「親」とよく似《に》た「新」や「薪《しん》」が説明できないのです。一つの漢字の説明から関連する文字を一貫《いっかん》した考えで説明できて、初めて体系《たいけい》的な文字学なのです。

さて、それでは白川静文字学の「親」の説明はどうでしょうか？

それをまず「新」の文字の説明から始めたいと思います。「新」は「立」「木」に「斤」を加えた文字です。この「立」の部分、これは「辛《しん》」という字の省略《しょうりゃく》形です。

「辛」は取っ手のある針《はり》の形で、古代中国の人たちは、この「辛」を入れ墨《ずみ》のための針や投げ針《ばり》として使いました。「はり」の意味のほかに「つらい」「からい」などとも読みますが、これは入れ墨をするときの痛《いた》みから出来た意味です。

親が亡《な》くなり、新しく位牌《いはい》を作るときにも「辛」を投げて木を選びます。そして「辛」が当たった木を「斤《おの》」で切ります。このような儀式《ぎしき》を表しているのが「新」です。新しい位牌を選ぶので「あたらしい」の意味になりました。

古代文字
辛
新
薪
親
位牌を拝む人たちはみな親族。そこから「親」に「したしい」という意味も生まれた


投げた「辛」が当たり、位牌のための神木として選ばれた木が「薪」です。位牌を作った残りの木は、火祭の際《さい》に燃《も》やす木にも使うので、「たきぎ」の意味となったのです。

そして最後に「親」です。これは「辛」「木」「見」を合わせた字です。

「辛」を投げて、木を選び、新しく切り出した木で作った位牌を見てじっと拝《おが》んでいる姿《すがた》が「親」なのです。その位牌は父母の場合が多く、「おや」の意味になりました。

# 章

入れ墨《ずみ》の美しさのことです

音 ショウ　訓 あきらか・しるし

3年生

「辛《しん》」という字は針《はり》の形を表す漢字です。「辛」が投げ針《ばり》として使われた「新」や「薪《しん》」などの文字の例を「親」の回に紹介《しょうかい》しましたが、ここでは「辛」が入れ墨《ずみ》用の針として使われた文字をいくつか説明しましょう。

「親」の回でも少し述《の》べましたが、その「辛」には「つらい」の意味があります。これは「辛」が入れ墨用に使われたため、その痛《いた》さから「つらい」意味となりました。さらに「辛」の「からい」意味は、身体的に「つらい」意味を、味覚の意味にも広げて出来たものです。

さて、「辛」が入れ墨用の針として使われた文字の紹介の最初は「文章」の「章」です。

「章」は「辛」と「日」のような字を合わせた形です。「日」のような部分は墨《すみ》だまりです。墨だまりがある針を使って、人に美しい入れ墨を加えます。その入れ墨の美しさから「章」は「あきらか」「あや」の意味となりました。

次は「言」です。これは今の字形からは「辛」との関係が分かりにくいので、まず古代文字を見てください。古代文字では「辛」と「口」を合わせた形になっているのが分かりますか。

「口」は何度も説明していますが、神への祈《いの》りの言葉を入れた器「サイ」です。その「口《サイ》」の上に入れ墨用の針「辛」を置いて、神に誓《ちか》う言葉が「言」なのです。それが「信ずる」にあたらないときには「入れ墨」の刑《けい》に服しますと誓うのです。

　このような「言」の字の意味にも表れていますが、入れ墨をした人は罪人《ざいにん》が多いのです。

　例えば「童」は、もとは男性《だんせい》の罪人を表す文字でした。古代文字形は少し複雑《ふくざつ》ですが、上から「辛」「目」「東」「土」を合わせた字形です。

犯罪《はんざい》を犯《おか》した男性は目の上に入れ墨をされたのです。もともとは受刑者を意味するので、奴隷《どれい》の意味となり、そこから「しもべ」の意味にもなりました。

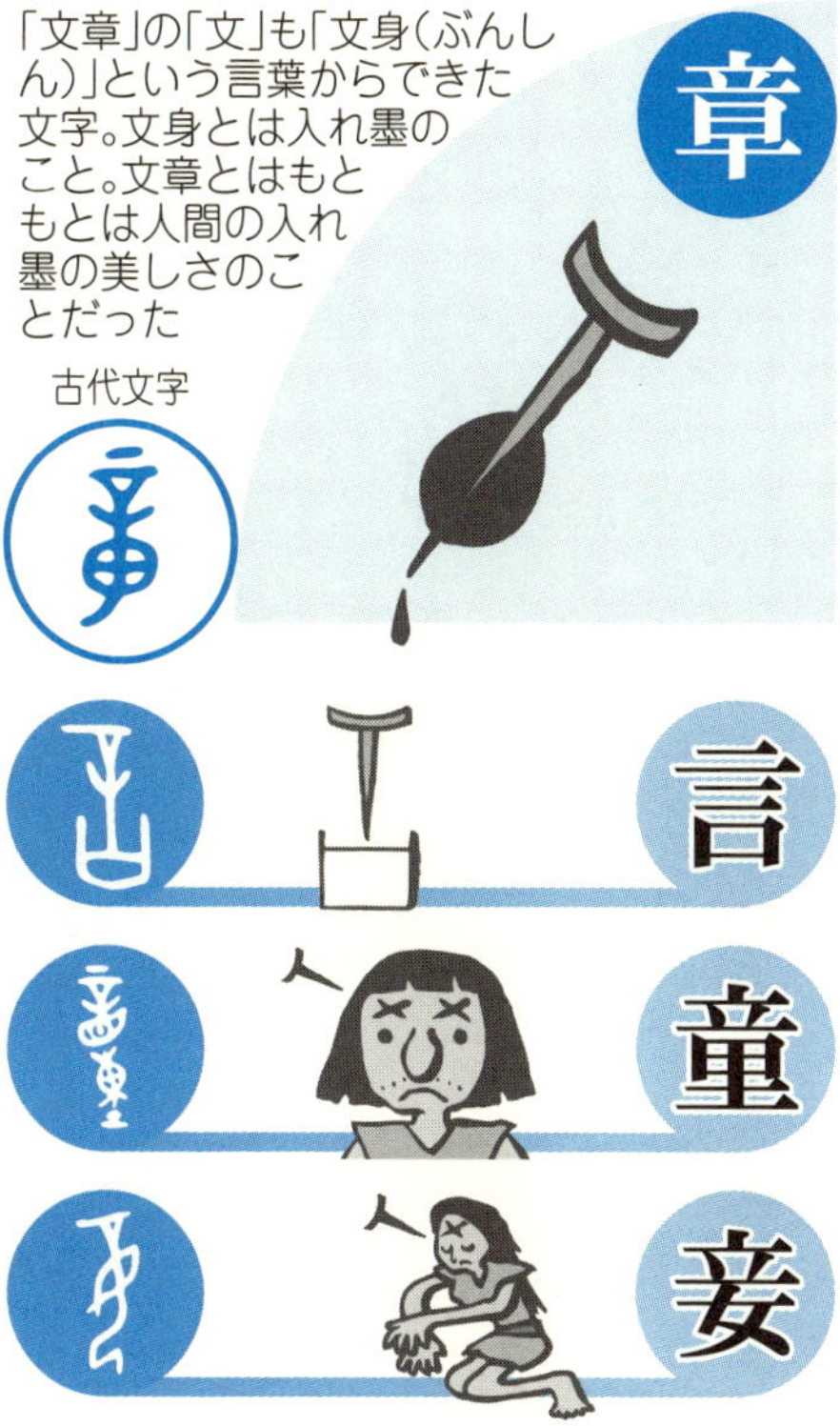
章
「文章」の「文」も「文身(ぶんしん)」という言葉からできた文字。文身とは入れ墨のこと。文章とはもともとは人間の入れ墨の美しさのことだった
古代文字
言
童
妾

　受刑者は結髪《けっぱつ》が許《ゆる》されず、その姿《すがた》が髪《かみ》を結わない子どもたちと似《に》ていたので「わらべ」の意味ともなったのです。

　「童」に対して、女性の受刑者を表す文字が「妾《しょう》」です。これは「辛」と「女」を合わせた文字。「妾」は額《ひたい》に入れ墨を入れられた女性の姿で、「はしため」などの意味があります。

# 文

## 朱《しゅ》や墨《すみ》でかき加える入れ墨《ずみ》のことです

音 ブン・モン　訓 ふみ・あや・もよう・かざり

1年生

「章」の回で、「文章」の「章」が入れ墨《ずみ》関係の字であることを紹介《しょうかい》しました。実は「文章」の「文」のほうも入れ墨関係の文字であることを、その回のイラスト欄で説明しておきました。

そのイラスト欄で紹介したように、入れ墨のことを「文身《ぶんしん》」とも言います。その「文身」の説明から、「文」とは何か、ということを述《の》べてみたいと思います。

この「文」は人の正面形の胸部《きょうぶ》に「×」や「心」や「∨」の形の入れ墨を加えた字形です。「文」のイラスト部分に各種の古代文字をかいておきました。

この文身は「絵身《かいしん》」というもので、朱《しゅ》や墨《すみ》などで一時的に文様をかき加える入れ墨です。絵身は誕生《たんじょう》や成人式、結婚《けっこん》、死亡時などの際《さい》、儀礼《ぎれい》的な目的で加えられます。

例えば「産」も、その絵身の文身に関係した漢字です。

ただし「産」の旧字形《きゅうじ》でないと文身（絵身）との関係が分かりません。「産」の旧字をイラストのほうに書いておきましたが、それは「文」「厂《かん》」「生」を合わせた文字です。「厂」は額《ひたい》や崖《がけ》などを表す字形です。生まれたばかりの赤ちゃんの額（厂）に×などの絵身（文身）を朱や墨でかく儀式を「産」というのです。

赤ちゃんに悪い霊《れい》が入り込《こ》まぬように額に絵身を加えたのです。日本でも子どもの誕生時に額に文字を書く「アヤッコ」という儀式がありました。

昔の成人式、元服に関係した文字が「彦《げん》」です。この旧字形は「文」と「厂」と「彡《さん》」です。「厂」は額。「彡」は美しいことなどを示す記号的な文字です。額に美しい文身をかいて元服の儀式をすませた男性が「彦《ひこ》」です。

最後は「顔」です。「彦」の旧字形に「頁《けつ》」を加えたのが「顔」の旧字「顏」です。「頁」は儀礼に参加している人を横から見た形です。「顔」は男性《だんせい》が美しい文身をして、厳《おごそ》かに元服の式に参加している「かお」のことです。ここに紹介した「産」「彦」「顔」は、いずれも現在《げんざい》の字形では漢字の意味を理解《りかい》することができせん。戦後の漢字改革《かいかく》にかかわった人たちが、これらの漢字と文身（入れ墨）の関係を知らないままに漢字の形を変えてしまったのです。

文
古代文字形には人の胸部に「×」をかいた「 」、「心」( )をかいた「 」、「V」をかいた「 」など、さまざまな文身の形がある
古代文字

旧字
産
產
彦
彥
顔
顏

# 胸

## 悪い霊《れい》が入らないように死者の胸《むね》に×をかくことです

音 キョウ　訓 むね・むな

6年生

神社などのおみくじで「凶《きょう》」や「大凶」を引いたことがありませんか。縁起《えんぎ》が悪い運勢《うんせい》のことですから、もちろんいやなものですよね。でも「凶」の字形を見ただけで、なんか悪いことに関係しているような気持ちがしてきませんか。

実はこの「凶」という字は死と文身（入れ墨《ずみ》のこと）に関係した文字なのです。「凶」は「凵《かん》」と「×」を合わせた字形です。その「凵」は胸《むね》の形です。死者の胸に朱《しゅ》色などで×形の文様をかき、死体に悪い霊《れい》が入りこまないようにまじないをすることを「凶」というのです。

これは人が死んだ時に行う事でしたから、凶事（縁起が悪い事）とされました。そこから「わるい・まがごと」の意味となっていったのです。何となく、不吉《ふきつ》で悪いことに関係しているような気がするのも無理ないですね。

その「凶」に、人を横から見た形である「儿《じん》」を加えた文字が「兇《きょう》」です。行き倒《だお》れなどで亡《な》くなった人の胸に×を加えて、その邪霊《じゃれい》を封《ふう》じました。

「兄」「光」「見」などを紹介《しょうかい》した「兄」の回でも述《の》べましたが、「儿」はその上の字形を強調する形です。「凶」を「儿」の上にのせて「凶」を強調した「兇」という字は怖《こわ》い霊を持つわるもののことです。のちにすべての兇暴《きょうぼう》、兇悪な人をさすようになりました。

「胸」は「凶」に「勹《ほう》」と「月」を合わせた字です。死者の胸（「凵」）に朱色などで×形の文様をかき、死体に悪い霊が入らないようにしたのが「凶」です。「勹」は人の全身を横から見た形です。それを合わせた「匈《きょう》」に、身体の一部という意味を表す「月」（肉づき）を加えて「むね」の意味となりました。

でも、もともとは「匈」だけで「胸」の意味の文字でした。さらに言えば「凵」が胸の形のことでした。この胸の元の字形である「匈」に「忄《りっしんべん》」を加えたのが「恟《きょう》」という字で、びくびくと「おそれる」という意味です。

不安でおそれ、びくびくする時には、誰《だれ》でも胸がどきどきするものです。この「恟」にも胸と凶事の強い関係が示されているのです。

「凶」をふくむ文字には「凶悪」の意味か、「兇懼《きょうく》」（おそれる）の意味があります。

古代文字
凶
兇
胸
恟
日本語にも「胸騒ぎ」という言葉がある。心配や驚き、不安で胸がどきどきして心穏やかでないこと。日本でも凶事の予感と胸の関係は深い

# 除

## 長い針《はり》を刺《さ》して地下に潜《ひそ》む悪い霊《れい》を除《のぞ》くことです

音 ジョ・ジ　訓 のぞく・はらう

6年生

「辛《しん》」は投げ針《ばり》や入れ墨《ずみ》用の針《はり》のことでした。でも「針」を表す文字は「辛」だけではありません。「辛」以外の針の字を紹介《しょうかい》しましょう。それは「余《よ》」です。

この「余」には二つの意味があります。一つは旧字「餘」が示《しめ》している食べ物が「あまる」意味。もう一つの意味は取っ手のついた長い針のことです。ここで紹介するのは、この取っ手のある長い針「余」の関連文字です。

まず「徐《じょ》」です。「彳《ぎょうにんべん》」は四つ角の左半分の形です。「徐」は、その道路に取っ手のある長い針「余」を刺《さ》して地下にいる邪悪《じゃあく》な霊《れい》を除《のぞ》き、その道を安全なものにする文字なのです。そこから「やすらか」「ゆるやか」の意味となりました。

「除《じょ》」の「阝」は神が天と地を昇降《しょうこう》するための階段《かいだん》（または梯子《はしご》）です。その階段（または梯子）から地上に神が降《お》りてきます。その天から降りてくる神を迎《むか》える土地に取っ手のある長い針「余」を刺して地下に潜《ひそ》む邪悪な霊を除去、新しい聖地《せいち》としました。それを表している文字が「除」です。そこから「除」が「のぞく」の意味となりました。

このように土地や道は地下に邪悪な霊が潜む危《あぶ》ない所、特に自分たち以外の人たちがいる外部に通じる「道」は危険《きけん》な場所でした。「余」の関連字ではないですが、危険な道に関係した字を紹介したいと思います。それは他でもない「道」です。「道」は「辶《しんにゅう》」と「首」で出来ています。「道」になぜ「首」があるのか、そんなことを考えたことがありますか？

これは奴隷《どれい》の首を切って、その怨《うら》みの力で道に潜む邪霊をお祓《はら》いしながら道を進んだことを示《しめ》す文字なのです。「辶」は道路を歩いていくことを表す字形です。

今の「道」には「手」がふくまれていませんが、古代文字にはちゃんと「手」が書かれたものもあります。今の字形で「道」に「手」を加えたのが「導《どう》」。「寸《すん》」は「手」のことです。

古代文字
旧字
餘
余
徐
除
除夜は大みそか。除目（じもく）は役人を新しく任命する儀式。いずれも古いものを捨てて除き、新しいものにする意味を含んでいる
道
道

　この「道」の字の成り立ちは、現代社会から考えると、まことに残酷《ざんこく》な行為《こうい》が反映《はんえい》されています。でも三千年以上前の古代中国での話です。今の価値観《かちかん》で考えてはいけません。

　この「道」の説明は白川静さんの研究では最も有名なものだと言っていいでしょう。

# 輸

## 針《はり》で膿《うみ》を除去《じょきょ》して皿に移《うつ》すことです

音 ユ・シュ　訓 いたす・おくる

5年生

「余《よ》」は取っ手のついた長い針《はり》のことで、土地や道路に刺《さ》して地中の悪い霊《れい》を除《のぞ》く意味がありま す。でも、それ以外に別の用途《ようと》の「余」があります。その「余」を紹介《しょうかい》しましょう。

それは医療《いりょう》用、手術《しゅじゅつ》用の針の「余」です。この治療に使う針「余」に関連する字を説明しましょう。まず「叙《じょ》」です。

これは現代《げんだい》では、主に「叙情《じょじょう》」「叙述《じょじゅつ》」などの意味に使われていますが、もともとは治療用の針「余」に関連した漢字です。

「叙」の旧字《きゅうじ》「敍」は「余」と「攴《ぼく》」を合わせた字です。「攴」の「卜」は木の枝《えだ》（または鞭《むち》）の形です。「又《また》」は「手」を示《しめ》す字形。つまり「攴」は木の枝などを使って、何かを打つ字形です。「敍」の場合は細長い針「余」を「手」で使って、体がはれて膿《うみ》を持った部位に刺《さ》し、膿などを除去《じょきょ》する手術をする意味の字です。

このようにして、病の苦痛《くつう》を除いて、ゆるやかにすることを「叙」（敍）と言うのです。最初に説明した「叙情」などの意味の「叙」は、膿などをくみ出すように心情を外にもらすことからきています。そこから「のべる」の意味も生まれました。

「治癒《ちゆ》」の「癒」も「余」の関連字ですが、これは少し分かりにくいかもしれません。「癒」から「疒《やまいだれ》」と「心」と「月」を除いた部分、つまり「愉《ゆ》」「諭《ゆ》」「輸《ゆ》」などの旁《つくり》から「月」を除いた字形が「余」の変形した部分なのです。

「月」は「舟《ふね》」を示《しめ》す「ふなづき」で、この場合は皿などの「盤《ばん》」のことです。細長い針「余」で膿を除去し、その膿を盤に移《うつ》す字形です。それで病気が癒《い》え、心が楽になる字が「癒」です。

さて、さきほど挙げた「愉」「諭」「輸」もみな治療用の針「余」の関連字です。

大地や道に刺して地下の悪い霊を除く「余」。医療行為で膿などを取り除く「余」。どちらも「心を和らげる」という意味では共通している

「愉」は「余」で膿を除去して心が安らぐ意味の文字です。病気や傷《きず》が治るので「たのしい、よろこぶ」の意味があります。

「諭」は「余」で病気を治すように人の誤《あやま》りを言葉で諭《さと》し直すという意味です。

「輸」は「余」で膿を除去、膿を盤に移すことから、「車」を加えて移送《いそう》するという意味となりました。「輸出」「輸入」は移送のことです。

# 医

## 矢の力で病気を治すことです

音 イ　訓 いしゃ・いやす

3年生

古代中国では「矢」は神聖《しんせい》なもので、矢を使って団結《だんけつ》を誓《ちか》ったり、矢を放って場所を清める「通し矢」が行われました。日本でも神聖な「矢」の力は信じられていました。京都の三十三間堂は「通し矢」の名残ですし、お正月の破魔矢《はまや》、相撲《すもう》の弓取り式なども矢とそれを射《い》る弓などに悪霊《あくりょう》を祓《はら》う力があるからです。

「矢」が放てない場合は、「矢」を放ったしぐさとして、弓の弦《つる》を鳴らしました。それを「鳴弦《めいげん》」と言います。雄略天皇《ゆうりゃくてんのう》の時代に、この鳴弦の術《じゅつ》で邪悪《じゃあく》なものを祓い、敵《てき》を討《う》ったと『日本書紀』に記されています。そんな力がある「矢」に関する文字を紹介《しょうかい》しましょう。

まず「矢」ですが、これは実際《じっさい》の「矢」をそのまま字にした象形文字です。

「知」という字は「矢」と「口」で出来た漢字。「口」は繰《く》り返し説明していますが、神様への祈《いの》りの言葉である祝詞《のりと》を入れる器「サイ」のことです。「矢」を折るしぐさで神に誓《ちか》うのが「矢」の意味です。つまり「口《サイ》」で神に祈り、「矢」で神に誓うことを表すのが「知」です。神に祈り誓って初めて「ちゃんと知る」ことができたのです。神前で明らかに知ることが「しる」ことでした。

「誓」にも「折」が入ってますが、「矢」を折るしぐさと誓約の関係は密接《みっせつ》です。もう一つ、誓約に関する「矢」の関連字を紹介しましょう。

「族」がそうです。「族」の「矢」以外の字形は吹《ふ》き流しがついた旗竿《はたざお》の形です。これは自分が属《ぞく》する氏族（共通の祖先《そせん》を持つ集団《しゅうだん》）を表す印です。その旗の下で「矢」を折るしぐさをし、一族の一員であることを誓う字です。

「医」の字にも「矢」がふくまれていますね。この「匸《けい》」は字形通り、囲われた場所、隠《かく》された場所。そこで悪いものを祓う力がある「矢」を使い病気を治したのです。

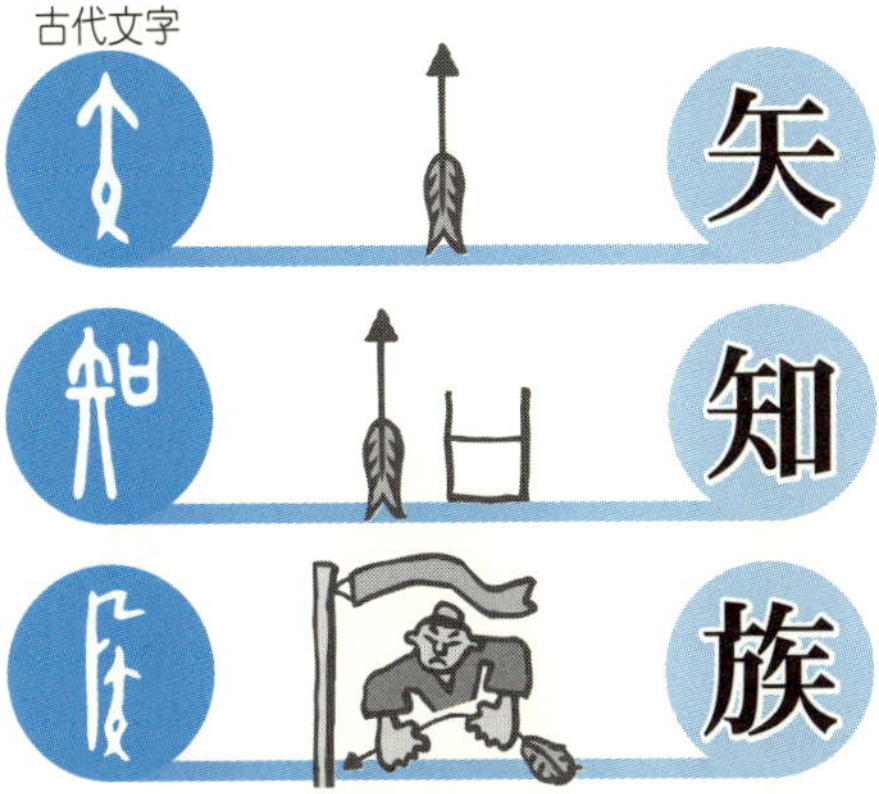

古代文字
矢
知
族

医
旧字
醫
「医」の異字体に「毉」がある。これは「醫」の「酉」（酒）部分が「巫」（みこ）となった字形。つまり古代中国では巫が医師も兼ねていた


「医」の旧字《きゅうじ》「醫」を見るとよく分かります。旧字の「醫」は「医」「殳《しゅ》」「酉《ゆう》」を合わせた文字ですが、このうち「殳」は杖《つえ》ぐらいの長さの矛《ほこ》のこと。「酉」は酒のことです。

隠れた場所（匸）に神聖《しんせい》な矢を置き、杖矛を持って「エイ！」とかけ声をかけ、病気を治そうとしたのです。その時、お酒の力も加えられました。これが古代中国の「医術」でした。

# 屋

## 矢を放って土地を選ぶことです

音 オク　訓 や・いえ

3年生

「矢」は建物を建てる土地を選ぶ際《さい》に、これを放ち、その到着《とうちゃく》地点に決めるという土地選びのためにも使われました。この回で紹介《しょうかい》するのは、土地選びに関係した「矢」の文字です。

その基本《きほん》的漢字は「至《し》」です。この「至」は現在《げんざい》の字形ですと、少し分かりにくいのですが、古代文字形を見ると、「矢」の上下転倒《てんとう》した字形と「一」を合わせた文字です。

「一」は大地です。つまりこれは放った「矢」が土地に刺《さ》さった姿《すがた》を字にしたものです。大切な建物を建てる土地に矢が至《いた》ったので「いたる」の意味になりました。

次は「屋」です。これは「尸《し》」と「至」を合わせた字形。「尸」は「屍《し》」の元の字で「しかばね」のことです。古代中国では人が亡《な》くなると本葬《ほんそう》前に死体を棺《ひつぎ》に入れ、しばらく建物に安置しておきました。「矢」を放ってその建物を建てる土地を選んだのです。「屋」はもとはそのための建物でしたが、後に一般《いっぱん》の「いえ」の意味になりました。

「室」という字は「宀《うかんむり》」と「至」を合わせた文字です。「宀」は先祖《せんぞ》を祭る廟《みたまや》の屋根の形。廟を建てる時にも「矢」を放って、土地選びをしたのです。だから「室」とはもともとは祖先《そせん》を祭る「へや」のことでした。後に人が住む「へや」の意味となったのです。

最後は「到《とう》」という字についてです。これは「至」と「刂《りっとう》」で出来た漢字です。でも古代文字を見てください。「至」と「刂」ではなく、「至」と「人」の形になっています。論理《ろんり》的にも「刀」を表す「刂」はおかしいですよね。「矢」の到達《とうたつ》地点に「人」が「いたる」という意味なのですから。

白川静さんに「到」という漢字について教えていただいたことがあります。「刂」と「亻《にんべん》」が似《に》ているために、昔の中国人が間違《まちが》ってしまい、そのまま現代まで至ったようです。「今の日本人ばかりでなく、昔の中国人も漢字を間違うの」と白川静さんは笑って説明してくれました。

古代文字
至
屋
本葬前に死体を棺に入れて、しばらく建物に安置しておく風習を殯(かりもがり)という。その建物の中で死体を風化させてから本葬をした
室
到

その「到」に、さらに「人」を加えた「倒《とう》」という字があります。

「到」は放った「矢」が到達した所へ、人が到る、着くことです。そして「倒」は、その「矢」の到達した地点から、人が引き返すことです。

そこから「さかさま」の意味となり、「さかさま」にする意味から、「たおす」「たおれる」の意味となりました。

# 目

## 見る対象と心を通じ合うことです

音 モク・ボク　訓 め・ま・みる・めくばせする

1年生

「目を光らす」「目を奪《うば》われる」「目が肥《こ》える」…。「目」に関する日本語の成句《せいく》はたくさんあります。「目」は人間にとって、外界と接触《せっしょく》する最初の器官なので、いろいろな言葉があるのです。漢字の世界も同じです。

まず「目」の古代文字を見てください。現在《げんざい》の字形では縦長《たてなが》の「目」ですが、例に挙げた古代文字は横長の「目」です。でもこれは当たり前ですね。人間の目が横向きについているのですから。ここで紹介《しょうかい》する漢字はみな縦長の目をふくむ字ですが、「遠」の回でも紹介した「懐《かい》」や「環《かん》」や「還《かん》」などの横長の目「罒」も「目」に関係した文字なのです。

「目」で見る行為《こうい》というのは、ただ見るのではなくて、見る対象と内面的な交感・交渉《こうしょう》を持つ意味がありました。森や川を見ることは、その森や川が持つ自然の強い力を自分の身に移《うつ》し取る行為でした。対象の魂《たましい》をよびこむことで新しい生命力を身につけようとしたのです。

そのように、見る対象と内面的な交感を表す代表的な文字の一つは「相」でしょう。「相」は「木」を「目」で見る字形です。

勢《いきお》い盛《さか》んな「木」を「目」で見ることで、樹木《じゅもく》の盛んな生命力が見る人の生命力を助けて盛んにするので「たすける」という意味が生まれました。それは樹木と人との間の相互《そうご》関係から生まれたので「たがいに」「あい」の意味となったのです。

「想」は「相」に「心」を加えた文字です。

茂《しげ》った木を見ることで見る者の生命力を盛んにするのが「相」。それを他の人に及《およ》ぼして「おもう」ことを「想」と言います。そこから「おもいやる」「遠くおもいをはせる」の意味となり、経験《けいけん》したことのないことを想像《そうぞう》する意味にもなりました。

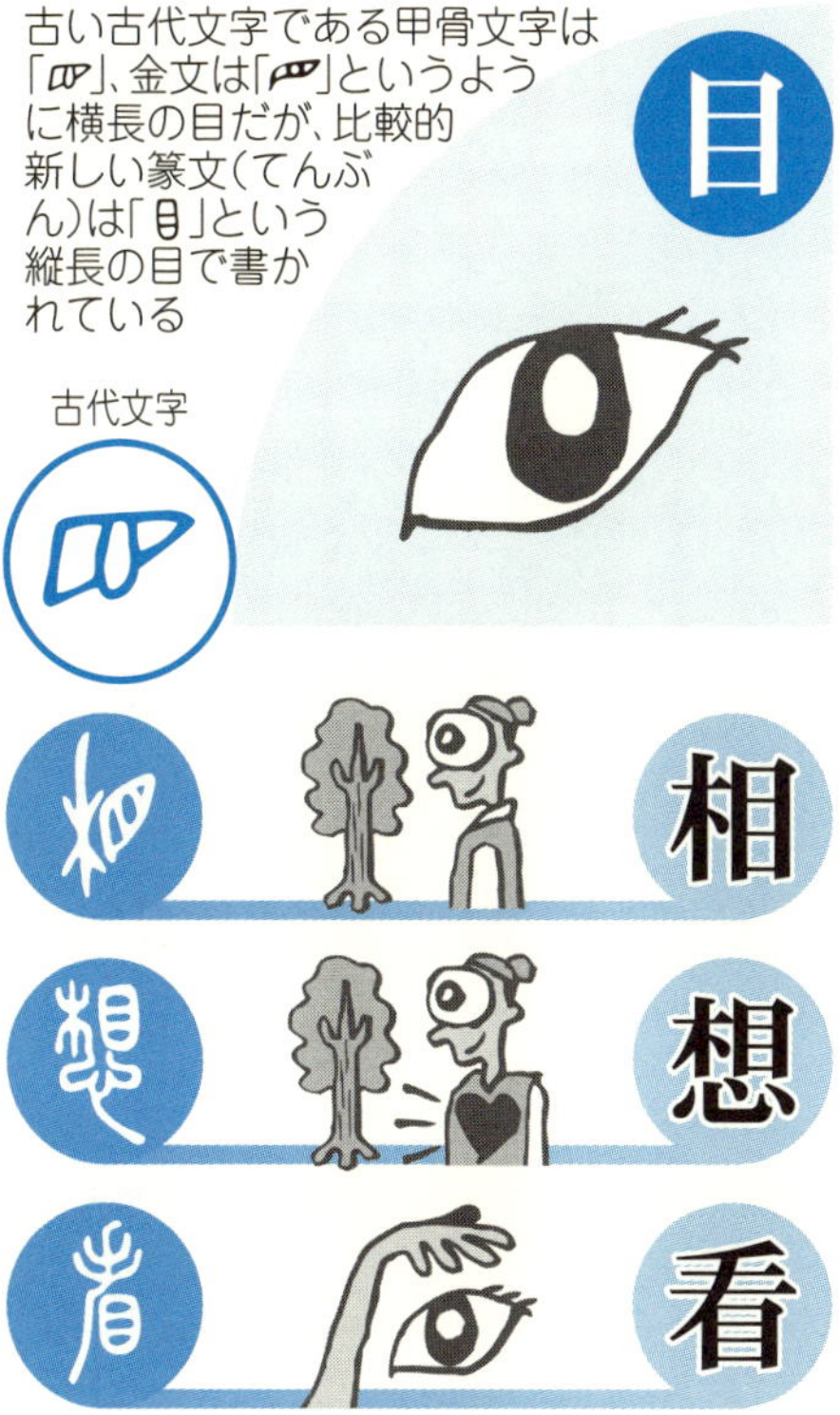
古い古代文字である甲骨文字は「」、金文は「」というように横長の目だが、比較的新しい篆文（てんぶん）は「」という縦長の目で書かれている
目
古代文字
相
想
看

最後に「看《かん》」です。これは「手」を「目」の上にかざして、ものを「みる」という字です。「看」には手をかざして遠くを見るという意味と、しげしげとよく見るという意味があります。

「看護《かんご》」は後者の意味ですね。普段《ふだん》、そのような思いで「看」という文字を見ませんが、しげしげとよく見てみると、「目」の上に「手」をかざしてものを見ている字形ですね。

# 省

## 眉飾《まゆかざ》りをつけた呪《まじな》い的な目で見回ることです

音 セイ・ショウ　訓 かえりみる・はぶく

4年生

顔かたちがとても美しいことを眉目秀麗《びもくしゅうれい》と言います。このように「眉《まゆ》」は「目」とともに人の容《よう》貌《ぼう》のうち最も目立つ場所です。この「眉」と「目」について紹介《しょうかい》しましょう。

まず「眉」の古代文字を見てください。横形にかかれた「目」の上に「眉」がありますね。これは単なる眉ではなく、呪術《じゅじゅつ》的な力を増《ま》すための眉飾《まゆかざ》りをつけている字形なのです。「眉」に飾りをつけ、「眉」と「目」の力を強調したのです。

このように「眉」のもともとの意味は、呪術的な力を加えるために眉飾りをつけた「まゆ」のことでした。この点を頭に入れて、以下を読んでください。

その眉飾りのついた漢字に「省」があります。「省」の「少」の部分が眉飾りです。現在《げんざい》の字形では分かりにくいですが、古代文字では横長の「目」の上に飾りがついているのが分かります。

呪術的な力を増す眉飾りをつけた目で地方を見回り、取り締《し》まることが「省」のもとの意味です。さらに自分の行為《こうい》を見回ることに意味を移《うつ》して「かえりみる」になり、見回った後に除《のぞ》くべきものを取り去るので「はぶく」意味となりました。

次に「直」という字も眉飾り関係の漢字です。これは「十」と「目」とアルファベットの「L」のような字形を合わせた形です。この「十」の部分が眉飾りで「少」の省略《しょうりゃく》形です。つまり「十」

と「目」とで「省」のことです。「L」のような字形は塀《へい》を立てる意味です。

つまり「直」は「省」に塀（「L」のような字形）を加えた形で、ひそかに調べて不正をただすことです。そこから「なおす」意味になりました。

最後は「徳《とく》」です。これは「十」「罒」「彳」「心」で出来た文字です。「十」と横長の目である「罒」を合わせた部分は、「目」の縦横《たてよこ》が違《ちが》いますが、「直」の字から「L」を除いた部分と同形です。「彳」は十字路の左半分の形で、道を行くことです。

古代文字
眉
「省」には「親の安否をよくみて確かめる」という意味もある。「帰省」とは帰郷して親の安否をたずねること。「省問」も同じ意味
省
直
旧字
德
徳

「徳」も呪術的な力を増す眉飾りをつけ、各地を見回ることを表す文字です。そういう人が持つ本当の力は、その人の内面から出ていることが自覚されて「心」の字形が加えられて「徳」の字が出来ました。

そこから「人徳」「道徳」などの「徳」の考えが生まれてきました。

# 夢

眠《ねむ》っている間に媚女《びじょ》の力で起きるもののことです

音 ム・ボウ　訓 ゆめ・ゆめみる

5年生

古代中国は呪《まじな》いがいろいろな機会に行われる社会でした。その社会では呪術《じゅじゅつ》的な力を発揮《はっき》する人たちが活躍《かつやく》しました。

「眉《まゆ》」に「女」を加えた「媚《び》」もそういう人たちです。「眉」は眉飾《まゆかざ》りをつけた目のこと。「媚」は、その眉飾りをつけた巫女《みこ》さんのことです。

戦争の際《さい》にはこの「媚女《びじょ》」をたがいの軍の先頭に何千人と並《なら》べて、眉飾りをつけた目の力で敵軍《てきぐん》に呪術的な力を加えて攻撃《こうげき》しました。古代中国では、武器《ぶき》を使用した戦闘《せんとう》を始める前に、このような呪いの力で相手を倒《たお》すことをやったのです。巨大《きょだい》なにらめっこですね。この媚女は美しき魔女《まじょ》ですから、そこから「こびる」という意味となりました。

戦争に負けると、負けたほうの媚女たちは一番最初にすべて殺されてしまいます。その殺されてしまう媚女を表している字が「蔑《べつ》」です。「蔑」は「艹《くさかんむり》」（本来の字形は「丱」）と横長の目「罒」と「伐《ばつ》」を合わせた字形です。「伐」は「人」に「戈《ほこ》」を加えた字で、人の首を戈で切る形です。その「蔑」の「艹」と「罒」の部分は古代文字をみると分かりますが、眉飾りをつけた目のことです。これは媚女のことです。

例に挙げた「蔑」の古代文字は、まさにその戦争に負けた側の媚女を戈で殺している形です。怖《こわ》い文字ですが、そうやって敵の呪術的な力を無くしているのです。そこから、相手を「ないがしろにする」意味となり、「軽蔑」「蔑視《べっし》」の言葉が生まれました。

「夢《む》」の字形の「艹」と「罒」の部分も「媚女」のことです。それに「冖《わかんむり》」と「夕」を加えた字が「夢《ゆめ》」です。「冖」は巫女が座《すわ》っている姿《すがた》のことです。「夕」は夕方、つまり夜のことです。

古代中国では「夢」は夜中の睡眠《すいみん》中に、媚女（巫女）が操作《そうさ》する呪いの力によって起きると考えられていたのです。「夢」の「夕」の部分を「死」にした「薨《こう》」という字があります。

古代文字
媚
蔑
夢
薨
古代中国では夢を占（うらな）う役人がいて、夢占いをしていた。年末には一年間の夢を調べて、悪夢を祓（はら）う夢送りの行事をしていた

　この「薨」は位の高い人が「亡《な》くなる」ことです。訓読みは「しぬ」「みまかる」です。

　「薨」の「死」以外の上部分は「夢」の省略《しょうりゃく》形です。つまり「薨」は媚女の呪いの「夢魔《むま》」の力で死ぬことです。位の高い人は、夢魔の危険《きけん》がいつもあったのでしょう。

# 臣

瞳《ひとみ》を傷《きず》つけて視力《しりょく》を失い、神に仕える人のことです

音 シン・ジン　訓 つかえる・おみ

**4年生**

「目」や「眉《まゆ》」に関連する文字を説明してきましたが、ここで紹介《しょうかい》する「臣」も「目」を表す文字です。「臣」と、それに関係する一連の文字について紹介しましょう。

まず「臣」の古代文字を見てください。「目」を立てたような形ですね。「臣」は大きな瞳《ひとみ》を表す漢字なのです。古代中国では神に仕える人は瞳をわざと傷《きず》つけて視力《しりょく》を失った人がいました。そうやって神に仕える人が「臣」。後に君主に使える「おみ」「けらい」の意味になりました。

「臣」に関連する字で、まず紹介したいのは「賢《けん》」です。この「賢」の上部は「臣」に「又《また》」を加えた字形です。「又」は「手」のこと。「臣」は瞳です。

そこで「賢」の古代文字を見てほしいのです。大きな瞳（臣）に手（又）を入れて、瞳を手で傷つけている姿《すがた》です。そうやって瞳の視力を失い、神に仕えた人が「臣」です。

神に仕える「臣」には、才能《さいのう》を持った賢《かしこ》い人たちがいました。それが「賢」です。字形の上部だけで「賢」の元の字形で「かしこい」ことを表す漢字でした。

例に挙げた古代文字は下部の「貝」をふくんでいない形ですが、この字形だけで現在《げんざい》の「賢」の意味でした。「賢」の「貝」は貨幣《かへい》代わりにも使われた南海産の子安貝《こやすがい》のことです。子安貝はたいへん貴重《きちょう》な貝でした。ですからもともとの「賢」は「かしこい貝」「良質《りょうしつ》の貝」の意味だったと思

われますが、それが「かしこい」意味の文字となっていきました。

次の「臣」の関連文字は「監《かん》」です。この字の上部は「臥《が》」という字形です。それに「皿」を加えたのが「監」です。「臥」は人がうつむいて、下方を大きな瞳で見ている姿です。

「皿」は水を入れた水盤《すいばん》です。その水盤に自分の姿を映《うつ》している字形です。水盤は水鏡ですから「かがみ」の意味。水鏡に自らを映して見て反省するので「かんがみる」の意味にもなります。

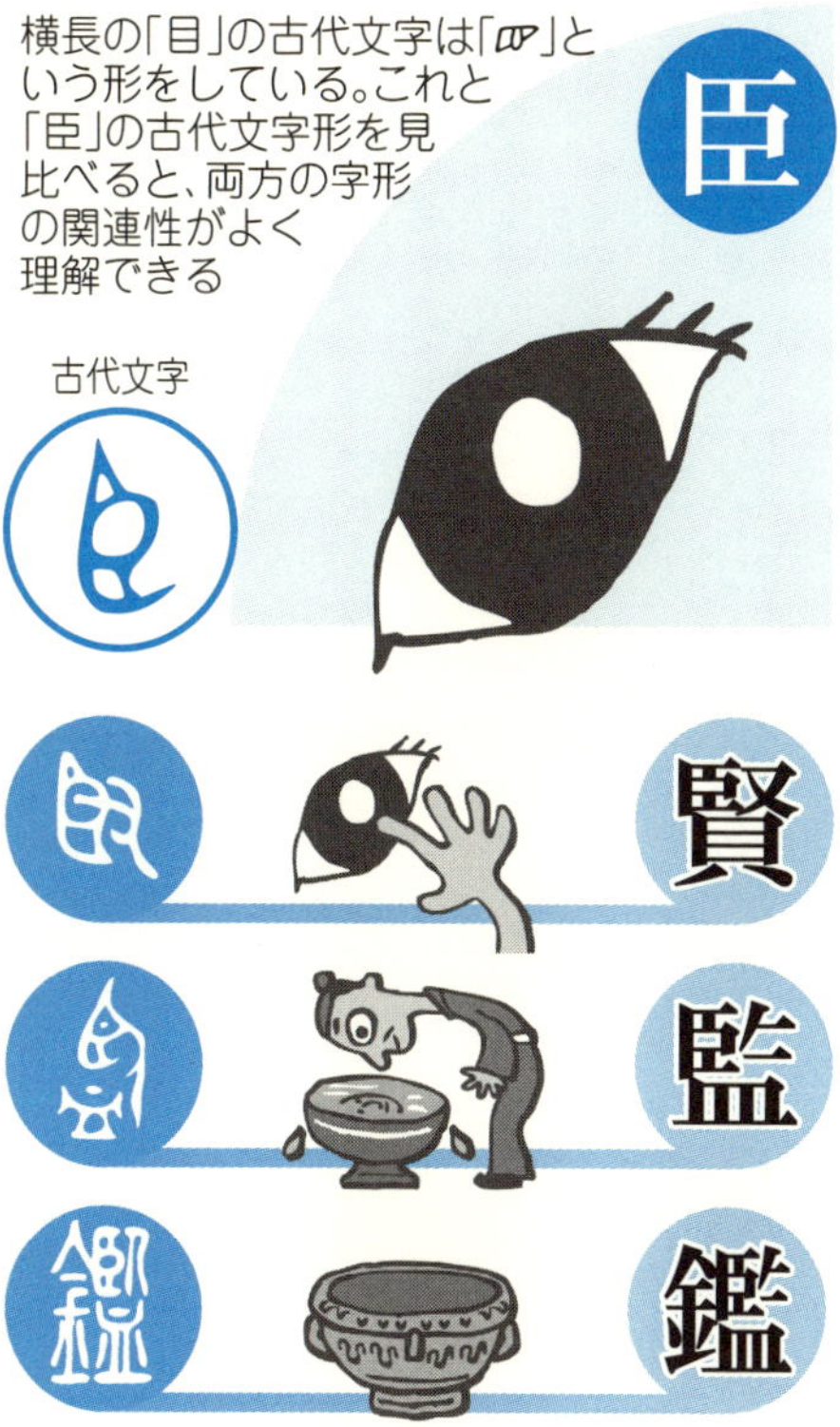
臣
横長の「目」の古代文字は「」という形をしている。これと「臣」の古代文字形を見比べると、両方の字形の関連性がよく理解できる
古代文字
賢
監
鑑

ですから、この「監」は「鑑《かん》」という字の元の形なのです。その「鑑」は水鏡が青銅《せいどう》や銅《どう》、鉄などの金属《きんぞく》で作られることから、「監」に「金」が加えられて出来た漢字です。

もう一つ「臣」の関係文字を紹介しましょう。それは「緊《きん》張《ちょう》」の「緊」です。瞳を傷つけられる人の心が張《は》りつめ、体がひきしまった状態《じょうたい》を「緊」と言うのだそうです。

# 望

## つま先立って遠くを見る人のことです

音 ボウ・モウ　訓 のぞむ・ねがう

4年生

「目」「眉《まゆ》」「臣」などは、みな「目」に関する文字です。その「目」に関係した文字の話の最後に、古代中国にあった「望」の文化について紹介《しょうかい》しておきたいと思います。

まず「望」の古代文字を見てください。これはつま先で立つ人を横から見た姿《すがた》の上に「臣」をかいたものです。イラスト部分に紹介しておきましたが、「望」の異体字《いたいじ》には「亡《ぼう》」の部分が「臣」になったものもあります。「臣」は大きな瞳《ひとみ》のことです。

ですから、この「望」は、つま先立って遠くを望み見る人のことです。「眉」や「媚《び》」の説明のところで、「目」で見ることには呪術《じゅじゅつ》的な力がこめられていることを紹介《しょうかい》しましたが、この「望」にも呪《まじな》いのような力が表現《ひょうげん》されています。

つま先立って大きな瞳で遠方を望み見ることは、「目」の呪術的な力で敵《てき》を抑《おさ》えこみ、服従《ふくじゅう》させる行為《こうい》だったのです。古代中国には、そのような「望」の文化がありました。そのことから「のぞむ」という意味になったのです。さらに「ねがう」という意味にもなりました。

白川静さんの字書『常用字解《じょうようじかい》』の「望」の項《こう》には、甲骨《こうこつ》文字で書かれた文章に「望乗《ぼうじょう》」という一族の名前が出てくることが記されています。軍隊に従《したが》っている一族ですが、目の呪術的な力によって敵状《てきじょう》を知り、敵を服従させることが仕事だったのだろうと、白川静さんは考えています。

次は「臣」の系列《けいれつ》文字の説明から外れますが、一緒《いっしょ》に覚えておくといい「民」という字です。「民」の古代文字を見てください。これは瞳を刺《さ》している字形です。瞳を突《つ》き刺して視力《しりょく》を失った人を「民」といい、神への奉仕《ほうし》者とされたのです。

イラスト欄《らん》の一番上に「臣」の古代文字とイラストをかいておきました。前にも説明しましたが、この「臣」も視力を失い、神へ仕える者です。ですから「臣民」と呼《よ》ばれる、「臣」も「民」も、いずれも視力を失った人たちのことだったのです。紹介したように、視力を失った「民」は元は神に仕える者でしたが、それが後に「たみ」「ひと」の意味となりました。

古代文字
臣
古代の日本でも天皇が高い所に登り国土を望む国見(くにみ)の儀礼(ぎれい)があった。農業の豊作を祈(いの)る儀式だが、目で見ることの呪いの力が信じられていた
望
異体字
朢
民
眠

また視力を失った人の目は眠《ねむ》るように見えるので「眠《みん》」の字が出来て「ねむる」の意味になりました。昔は「瞑《めい》」を「眠」の正字としたので、古代文字は「瞑」の字形になっています。

# 旗

## 四角い軍旗をつけた旗竿《はたざお》のことです

音 キ　訓 はた

4年生

漢字は非常《ひじょう》に論理《ろんり》的に出来ている文字です。その論理的な造字《ぞうじ》法が、最もシンプルに発揮《はっき》された漢字を紹介《しょうかい》しましょう。その一連の文字の最初の漢字は「其《き》」という字です。

この「其」をふくむ文字の多くには「四角形のもの」「方形のもの」という共通した意味があります。それが分かると、目から鱗《うろこ》が落ちるように、漢字の体系《たいけい》的な成り立ちと、そのつながりがいっぺんに理解《りかい》できるのです。

現代《げんだい》では「その」と読む「其」は、穀類《こくるい》をあおって殻《から》や塵《ちり》を分け除《のぞ》く農具「箕《み》」の元の字です。

古代文字を見てください。古代文字の上部の形が「箕」の部分です。その下に物置台である「丌《き》」を加えたのが「其」です。「箕」を物置台の上に置いているのが、「其」という漢字です。

この「其」が「その」などの代名詞《だいめいし》にも用いられるようになったので、「箕《き》」の字が作られたのです。「箕」は竹を編《あ》んで作ることが多いので、「其」に「竹」を加えて「箕」という文字が出来ました。また「箕」には四角形の「ちりとり」の意味もあります。さてそこで、もう一度「其」にもどってください。

この「其」の古代文字の上の部分の形を見てください。これが方形をしているので、「其」をふくむ文字の多くに共通して四角形の意味があるのです。

ではいくつか「其」をふくむ漢字を紹介しましょう。

まず「旗」です。「旗」の「其」を除いた部分は吹《ふ》き流しをつけた旗竿《はたざお》のことです。それに四角い軍旗をつけたものが「はた」なのです。

次は将棋《しょうぎ》の「棋《き》」です。これは「木」と「其」を合わせた字形です。

つまり「木製《もくせい》の四角形のもの」ですから、将棋盤《ばん》の意味です。「棋」の古代文字は「棊」という字形をしていますが、この「棊」という字形は「棋」の異体字《いたいじ》で、同じ文字です。

囲碁《いご》将棋の「碁」の文字は、少し後に出来た文字なので古代文字がありません。「其」と「石」で出来た文字ですが、もともとの漢字は「棋」で、「棋」が将棋盤も碁盤も意味しました。

後に碁盤を意味する文字として分化して出来たのが「碁」という字なのです。

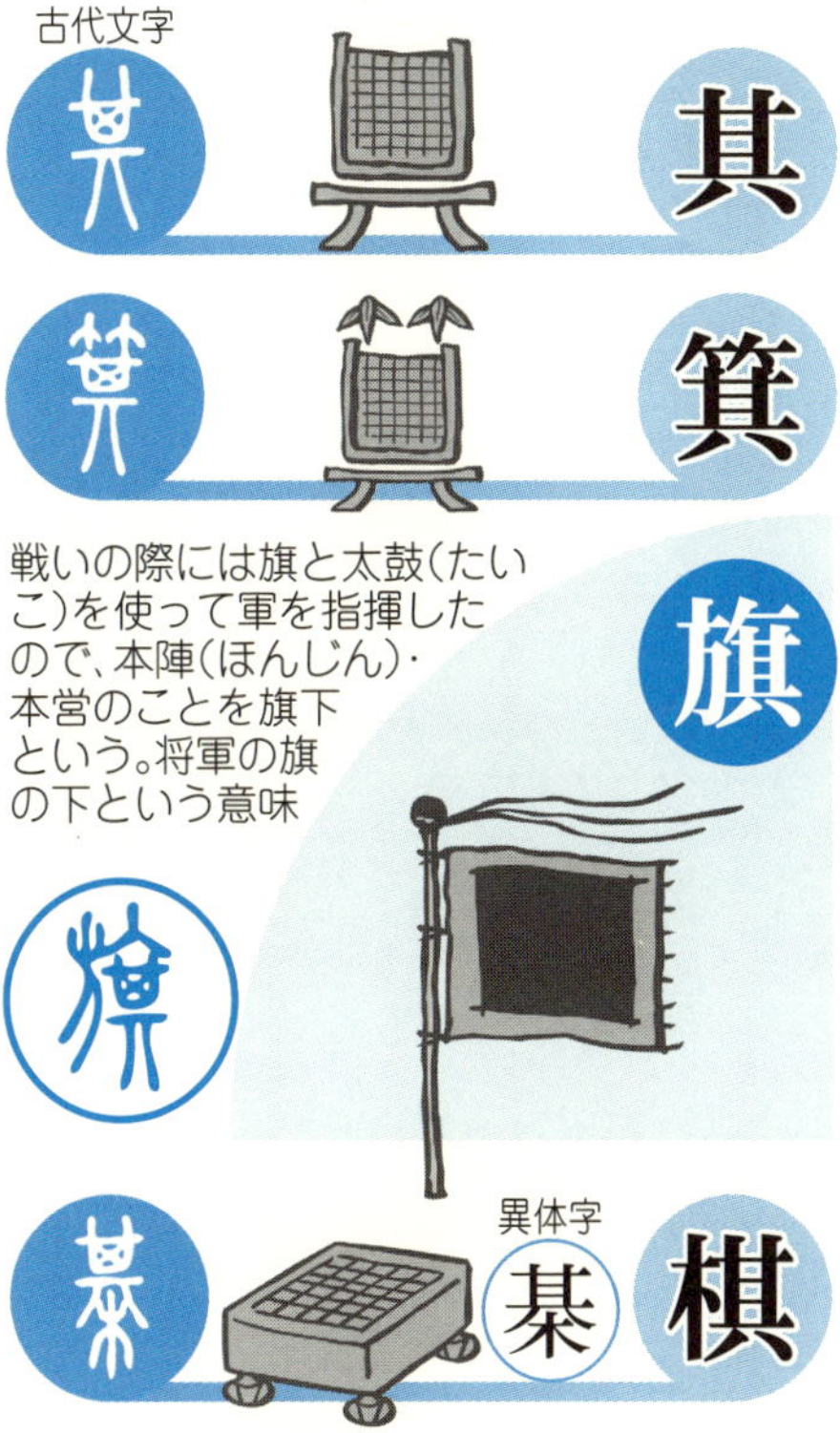
古代文字
其
箕
旗
戦いの際には旗と太鼓(たいこ)を使って軍を指揮したので、本陣(ほんじん)・本営のことを旗下という。将軍の旗の下という意味
棋
異体字
棊

# 期

## 時間を四角形の升《ます》ではかることです

音 キ・ゴ　訓 とき・あう

**3年生**

「旗」の回で説明したように、農具の「箕《み》」の元の字形「其《き》」をふくむ字には四角形の意味があります。今回も、その「其《その》」の続きです。でも単純《たんじゅん》に四角の形のものから、少し精神《せいしん》的、抽象《ちゅうしょう》的な四角形のものに意味を広げていった文字の紹介《しょうかい》です。

最初は「倛《き》」という字。これは学校で習う漢字ではないので、まず理解《りかい》するだけで十分です。

節分行事のルーツで追儺《ついな》（鬼《おに》やらい）という宮中行事があります。大みそかの夜に悪い鬼を祓《はら》い、疫病《えきびょう》を除《のぞ》く儀式《ぎしき》です。鬼を祓う役の人を方相氏《ほうそうし》といいますが、その方相氏が四角形の怖《こわ》い鬼面《きめん》をつけて、鬼を祓うのです。今の節分は鬼の面をつけた者を追いますが、四角い怖い面をつけた方相氏が鬼を祓うのです。

「倛」は、この方相氏が追儺の際《さい》に被《かぶ》る四角い鬼の面のことです。怖い面を被り、人を驚《おどろ》かせてあざむくので「あざむく」の意味があります。

「詐欺《さぎ》」の「欺」にも「其」がふくまれていますね。「欺」は「其」に「欠」を加えた文字です。「欠」は人が口を開いて言葉を発したり、歌ったりしている姿《すがた》です。

つまり「欺」は人が四角い怖い鬼面をかぶり、相手を驚かせて「あざむく」意味の文字です。でも怖い面を被り相手を欺《あざむ》く行為《こうい》は、もともと神に関する儀式でした。しかし今は、人を欺く意味に使われています。

「基《き》」は「其」と「土」を合わせた字です。「其」には四角形の意味から、台座《だいざ》の意味があります。そこから土で建物の基壇《きだん》、基礎《きそ》を築《きず》くことを「基」というのです。

最後は「一学期」などの「期」です。この「其」の四角形の意味はこれまで説明してきた「其」の意味に比《くら》べて、少し抽象的です。

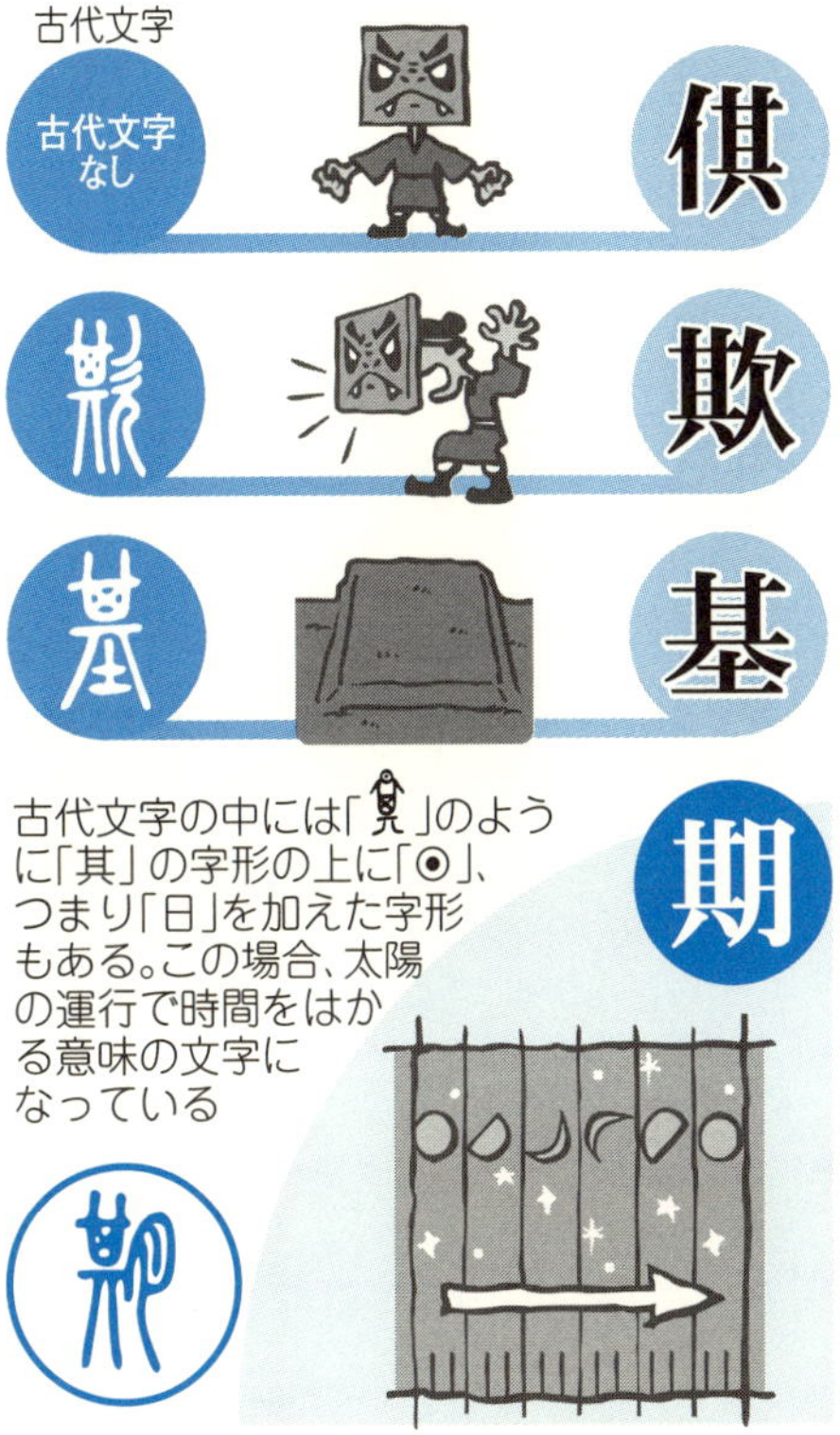
古代文字
古代文字なし
倛
欺
基
期
古代文字の中には「」のように「其」の字形の上に「◉」、つまり「日」を加えた字形もある。この場合、太陽の運行で時間をはかる意味の文字になっている

「其」には四角形のものという意味から発して「一定の大きさのもの」という意味があるのです。そこから「時間の一定の大きさ」を「期」というのです。「時間を四角形の升《ます》」で、はかっていく感じの文字です。

現在《げんざい》の「期」は「月」の運行で時間をはかっていく字形ですが、古い字形には「月」の代わりに「日」を「其」に加えた古代文字もあります。

# 善

## 羊を差し出して神の裁《さば》きを受ける原告と被告《ひこく》のことです

音 ゼン　訓 よい・ただしい

6年生

「善《ぜん》」という漢字、「義《ぎ》」という漢字、「美」という漢字。これらにみな「羊」の字形が入っています。分かりますか？

「最善」「正義」「優美《ゆうび》」などの熟語《じゅくご》を並《なら》べてみれば、「羊」をふくんだ漢字には特別な価値観《かちかん》が潜《ひそ》んでいることが理解《りかい》できると思います。

それは羊が神への生けにえとして最高のものであり、古代中国ではこの羊を神に提出《ていしゅつ》して争い事を裁《さば》く「羊神判《ようしんぱん》」というものが行われるほどの動物だったからなのです。それゆえに「羊」の字形をふくんだ漢字はたくさんあります。何回か、「羊」に関連した文字を紹介《しょうかい》しましょう。

その羊神判の様子をそのまま表している漢字が「善」です。そのことは「善」の元の字形「譱」を見ればよく分かります。「譱」は「羊」をはさんで左右に「言」の文字が並んでいます。

これは争い事の当事者である原告と被告《ひこく》の双方《そうほう》が「羊」を神の前に差し出して、それぞれの主張《しゅちょう》を述《の》べている文字なのです。このように行われる羊神判で、神の意思にかなうことが「善」となり「ただしい」「よい」の意味となったのです。

この羊神判の際《さい》には、原告・被告の主張する言葉を詳《くわ》しく調べました。そこから生まれた漢字が「詳《しょう》」で、「くわしい、つまびらか」の意味となりました。

「祥《しょう》」という字は、その羊神判の吉凶《きっきょう》の予兆のことです。「さいわい」など、よい吉祥の意味で使われることが多いのですが、でも本来は吉凶の予兆となるものが「祥」です。

最後にもう一つ紹介しておきたい字があります。「羊」をふくんではいないのですが、羊神判関係の文字に「慶《けい》」があります。これは「廌《たい》」という字に「心」を加えた文字です。「廌」は羊に似《に》た伝説上の動物です。悪者に触《ふ》れて、悪いことを正す力があったようです。

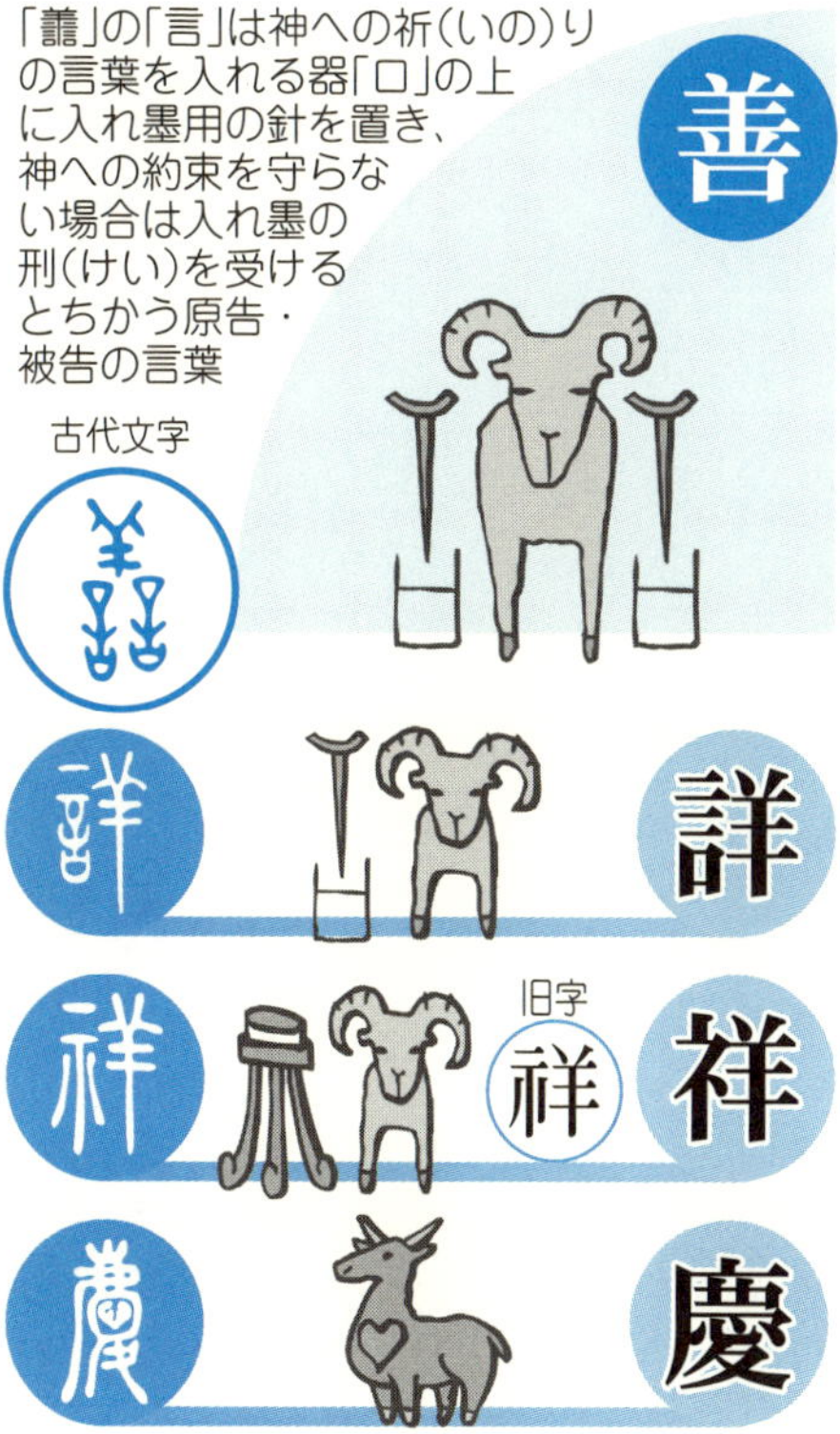

「譱」の「言」は神への祈（いの）りの言葉を入れる器「口」の上に入れ墨用の針を置き、神への約束を守らない場合は入れ墨の刑（けい）を受けるとちかう原告・被告の言葉
善
古代文字
詳
旧字
祥
祥
慶


この「廌」を神の前に差し出して神判を受け、勝訴《しょうそ》した者は「廌」に「心」の字形の文身（一時的に描《か》く入れ墨《ずみ》）を加えて、めでたいことのしるしにして、慶《よろこ》んだのです。

「慶」は神判の勝訴が神から与《あた》えられたので、「よろこび、たまもの、さいわい」の意味となったのです。

後に人を祝うことなどにも用いられるようになりました。

# 義

## 完全なる犠牲《ぎせい》の証明《しょうめい》のために鋸《のこぎり》で切られた羊のことです

音 ギ　訓 ただしい・よい

5年生

古代中国では訴訟《そしょう》の際《さい》、原告と被告《ひこく》が神様の前に「羊」を差し出し、神の裁《さば》きを受ける「羊神判《ようしんぱん》」というものが行われました。この羊神判の様子を表した字が「善《ぜん》」の元の字「譱」であることを、「善」の回で説明しました。このように「羊」は神に捧《ささ》げる大切な動物でした。「羊」の字形がどのように今の漢字にふくまれているのか、さらに紹介《しょうかい》してみましょう。

まずは「正義《せいぎ》」「義理」の言葉に使われている「義」です。これは「羊」と「我《が》」を合わせた字です。「我《われ》」の部分は古代文字のほうが理解《りかい》しやすいと思いますが、「義」の文字で「羊」の下部に加えられているのは「鋸《のこぎり》」の形です。

つまり「羊」を鋸で二つに切って神への犠牲《ぎせい》にする字が「義」です。なぜせっかくの生けにえを切断《せつだん》してしまうのでしょう。それは毛並《けな》み、角のほかに内臓《ないぞう》もふくめ、すべて完全な犠牲であることを証明《しょうめい》するためです。まったく欠陥《けっかん》がない正しい犠牲のことを「義」と言い「ただしい」「よい」の意味となったのです。

「儀式《ぎしき》」「儀礼」の「儀」は「義」に「人」を加えた字形です。「義」は神に犠牲として供《そな》えた羊が完全で「ただしい」ものであることです。そんな羊を供えて神につかえる人の礼儀作法にかなったおごそかな姿《すがた》を「儀」というのです。そこから「ようす」「ただしい」の意味となりました。

次は「議」です。「議」は論《ろん》じはかることです。「義」が神に捧げた「羊」であるように、もともと「議」は「神にはかる」ことでした。そこから正しい道理を求めて論じはかることになりました。白川静さんの字書『常用字解《じょうようじかい》』によりますと、日本の祝詞《のりと》（神様への祈《いの》りの言葉）にも「神議《かむはか》りに議《はか》りたまひて」（神の相談することとしてご相談なさって）とあるそうです。この「神にはかる」「神に相談する」というのが元の意味に近いようです。

義
もともとの「義」は犠牲となった「羊」を表す文字。「犠」のほうは「牛」などの他の動物の犠牲を含めていう際の文字
古代文字
儀
議
犠
旧字
犧

最後は「犠牲」の「犠」です。まず旧字《きゅうじ》「犧」を見てください。偏《へん》は「義」の下の「我」に「丂《こう》」を加えた「羲」です。この「羲」の「丂」の部分は鋸で切断された羊の後ろ脚《あし》がぶらぶらと垂《た》れている姿です。犠牲になった羊の姿をリアルに表した字が「羲」で、「犠」の元の字形です。もう一つ重要な犠牲である「牛」を加えて、「犠《いけにえ》」を表す文字となったのです。

# 達

## 滑《すべ》るように生まれる子羊のことです

音 タツ　訓 とおる・およぶ

4年生

「美」の中にも「羊」がいますね。

「羊」という字は羊の上半身を正面から見た姿《すがた》ですが、この「美」は「羊」の全身の姿です。後ろ脚《あし》までふくんだ羊の姿を上から見た形で、「美」の「大」の部分は牝羊《めひつじ》の腰《こし》の形のことです。成熟《せいじゅく》した羊の美しさを「美」と言いました。後にすべての美しいものの意味になりました。

他にも「羊」関係の文字があります。「達」もそうです。「達」は「辶《しんにゅう》」と「土」と「羊」で出来ています。「土」の部分はもともとは「大」で「羊」と合わせて「羍《たつ》」という字の変形です。「大」は説明したように牝羊の腰の形。牝羊から子羊が生まれ落ちる姿の字が「羍」なのです。

子羊が勢《いきお》いよく滑《すべ》るように生まれる「羍」に道を行く意味の「辶」を加え、滞《とどこお》りなく行くことを「達」と書き、「とおる」の意味となりました。

中国の一番古い詩集である『詩経《しきょう》』に「先《ま》づ生まるること達の如《ごと》し」（羊の子のように安らかに）という言葉があり、白川静さんは「達」の文字を紹介《しょうかい》する時には、必ずこの言葉を述《の》べながら説明されました。羊の子は、するりと生まれてきて、生まれてすぐ立つことができるのです。

次は「群《ぐん》」です。これはちょっとまわりくどいですが、少しがまんしてください。「麕《のろ》」という小型の鹿《しか》がいます。「麕」は群《む》れをなして集まる習性《しゅうせい》があります。その「麕」の音読みは「クン」で、

「君」と同音ゆえに、意味が通じて「君」にも「群れをなして集まる」の意味があるのです。

さらに「羊」も群れを作り行動する習性があるので、「君」と「羊」を合わせて「群」が出来ました。その「むらがる」の意味が人に広がり「群衆《ぐんしゅう》」などの言葉にも使われるようになりました。

最後は「鮮《せん》」です。この字の「羊」の部分は「羊」を三つ書いた「羴《せん》」の省略形《しょうりゃくけい》です。これは羊の独特《どくとく》なにおいのこと。同様に「魚」の部分も魚を三つ書いた「鱻《せん》」の省略形で、やはり「魚」独特のにおいのことです。

古代文字
美
達
旧字
達
「達」の「幸」と「幸」はまぎらわしい。「幸」は罪人の両手にはめる手かせのことなので対称(たいしょう)形の字形。「達」は「羊」であることを知れば間違わない
群
鮮

「鱻」と「羴」を合わせた「鮮」について、そのにおいのことを頭の中で想像《そうぞう》しながら、考えてください。その字形からにおいが強く伝わってくる感覚があると思います。新鮮なものは独特なにおいがあるものです。そこから「あたらしい」となり、さらにそのことを視覚《しかく》的なことに移《うつ》して「あざやか」という意味となりました。

# 号

3年生

## 大声をあげて神に祈《いの》ることです

音 ゴウ　訓 さけぶ・なく

「犬」「隹《とり》」「羊」など動物について紹介《しょうかい》してきたので、漢字に登場する他の動物で、みんなが知っているものをいくつか挙げておきましょう。

今回は「虎《とら》」の関係です。「虎」は古代文字を見てもらえば分かりますが、虎の形をそのまま字にした象形文字です。この「虎」をふくんだ字は「虎」そのままの字のものと、虎の頭の形で虎を表す「虍《とらがしら》」とがあります。まず「虎」をそのまま使用した字から紹介しましょう。

最初は「虎」に「彡《さん》」を加えた「彪《ひょう》」から。「彡」は色彩《しきさい》の美しさなどを示《しめ》す記号的な文字です。「彪」は「虎」の文様の美しさを表した字で、「まだら」「あや」「あきらか」の意味があります。

もう一つ「虎」の関連文字を紹介すると「号」がそうです。

でもこれは旧字《きゅうじ》「號」で初めて「虎」との関係が分かります。その偏《へん》である「号」の「口」は神への祈《いの》りの言葉を入れた器「サイ」のことです。「丂《こう》」はこの場合「木の枝《えだ》」のことです。「号」は木の枝で「サイ」を打ち、大声をあげて神に祈る意味の字です。

神に大きな声で泣き叫《さけ》びながら祈る様子が、虎のほえ叫ぶ姿《すがた》に似《に》ているので、それにたとえて「虎」が加えられたのです。厳密《げんみつ》には「號」と「号」とは異《こと》なる文字なのですが、今は「號」の常用《じょうよう》漢字体に「号」を使っています。

最後に、虎の頭「虍」と関連する字を紹介しましょう。それは「虐《ぎゃく》」です。

「虐」は今の字では「虍」と「ヨ」の左右逆《ぎゃく》にした形を合わせた文字です。でも旧字形をイラスト部分に記しておきましたが、それは「ヨ」の真ん中の横棒《ぼう》が突《つ》き出た字の左右が逆の形です。これは「手」の形で、虎の手の爪《つめ》を表しています。古代文字をよく見てください。中央下部に右にかかれた「人」の字形に左から爪のついた虎の手が加えられているのが分かりますか？　虎が爪を人にかけているので、人が危険《きけん》に遭《あ》う意味となり、「しいたげる」意味になりました。

古代文字
虎
彪
号
旧字
號
虐
虎がほえるように大声で泣き叫び神に祈るのが「号」。つまり「号泣」(ごうきゅう)は大声で泣き叫ぶこと。「号令」は大声で命令することだ

「中国」の神話に「饕餮《とうてつ》」という虎に似た怪物《かいぶつ》のような神が出てきます。この饕餮は古代中国の殷《いん》や周の時代の青銅器《せいどうき》の文様として盛《さか》んに使われました。虎に似た饕餮に呪術《じゅじゅつ》的な力があると考えられていて、その文様で祭りの際《さい》に使う青銅器を守ろうとしていたのでしょう。

# 劇

## 戦争の勝利を祈《いの》り、虎《とら》の姿《すがた》の人を討伐《とうばつ》する儀式《ぎしき》のことです

音 ゲキ　訓 はげしい

6年生

「劇《げき》」と「戯《ぎ》」、パッと見て、何となく似《に》ていませんか？

この二つの文字が似た印象を与《あた》えるのは両方に「虍《とらがしら》」の字形をふくんでいるからです。また「劇」の旁《つくり》の「刂《りっとう》」は刀、「戯」の旁の「戈《ほこ》」は剣《けん》に柄《え》をつけた武器《ぶき》。これも似てますね。

まず「劇」から説明しましょう。この「虍」と「豕《し》」を合わせた偏《へん》の「豦《きょ》」は虎《とら》の頭を持つ獣《けもの》の形です。虎の頭の被《かぶ》り物を着けて奮迅《ふんじん》する人のことで、その人に「刂」（刀）で立ち向かう様子を文字にしたのが「劇」です。

戦争で戦う前、古代中国では、神の前で虎の姿《すがた》で暴《あば》れる者を刀で斬《き》りつけて討伐《とうばつ》する演技《えんぎ》が行われました。戦争の勝利を祈《いの》る儀式《ぎしき》で、その演技の虎の姿の人の動きや討伐する動作が劇《はげ》しいので「はげしい」という意味になりました。もともとは戦勝を祈る儀式の劇的なふるまいを表す「劇」が後に演劇一般《いっぱん》を表す文字になっていったのです。

次は「戯《ぎ》」です。その旧字《きゅうじ》「戲」は「虍」「豆」「戈」を合わせた字です。

「豆」は脚《きゃく》の高い器で、「戲」の偏部分は脚の高い器の形の腰掛《こしか》けに虎頭《ことう》の人が座《すわ》る姿です。それを後ろから「戈」で撃《う》つ形が「戯」です。

これも神前で戦勝を祈る儀式の一つです。その姿が、たわむれ、からかうしぐさに似ているので

「たわむれる」の意味となったのです。

夏目漱石《そうせき》『虞美人草《ぐびじんそう》』の題名にある「虞」も似たような漢字です。「虞」は「虍」と「呉《ご》」を合わせた文字ですが、この「呉」のほうは神への祈りの言葉である祝詞《のりと》を入れた器「口《サイ》」をかかげ踊《おど》る巫女《みこ》の姿です。その巫女が虎の被り物「虍」をして踊るのが「虞」です。そうやって神意を「はかる」意味となり、神意を「おそれる」意味となりました。

劇
戦勝を祈る儀式の劇的しぐさが演劇の始まり。「演劇」も「戯曲」も芝居(しばい)に関係した言葉。芝居を意味する「戯劇」という言葉もある
古代文字
旧字
戯
戲
虞
虞
処
處

最後は「処《しょ》」です。これは旧字「處」を見てください。この「處」は「虍」と「処」を合わせた形をしていますが、もともとは「虎」と「几《き》」を合わせた字形なのです。「几」は腰掛けです。「虎」の格好《かっこう》をした人が「几」に腰掛けている姿です。

　戦勝祈願《きがん》の「劇」や「戯」の際《さい》、虎の姿の人がいかめしく腰掛けている「処《ところ》」なので「ところ」の意味となりました。

# 象

長江北岸《ちょうこうほくがん》にも生息していた象のことです

音 ショウ・ゾウ　訓 ぞう・かたち

4年生

「象」といえば、インドとアフリカですね。でも古代中国にも象はいました。殷《いん》の時代、亀の甲《かめのこう》などを焼いて占《うらな》う際《さい》の言葉に「象を隻《え》（獲）んか」と書いてあるそうですから、「象」が殷の国内、または周辺にもいたことが分かります。もちろん南の動物ですが、紀元五、六世紀ごろには、まだ長江《ちょうこう》北岸にも象が生息していたそうです。

日ごろ使う字に、この「象」をふくむ漢字もありますので、紹介《しょうかい》したいと思います。

まず「象」は古代文字を見れば分かりますが、動物の象をそのまま文字にした象形文字です。

この「象」をふくんでいる文字で、日ごろ気が付かずに使っている漢字が「為《い》」です。

「象」と「為」、正直言ってあまり似《に》ていませんよね。でも「為」の古代文字をよく見てください。「象」の古代文字とそっくりですね。

「為」の古代文字の象の鼻の先に少し曲がった「十」みたいな字形が書かれています。これは人間の手です。

つまり「象」の鼻先に手を加え、使役している姿《すがた》を文字にしたのが「為」なのです。三千年以上前の殷の時代には、人間が象を使役して大きな土木工事を行い、宮殿《きゅうでん》などを造《つく》っていました。そこから「なす、つくる、ため」という意味の「為」という文字が生まれたのです。また当時の象牙《ぞうげ》の遺品《いひん》もたくさん残されているそうです。

「予定」「予告」などの言葉に使われる「予」も旧字《きゅうじ》「豫」を見れば「象」の関連文字と考えられます。これは「象」をつないで、その「象」によって将来《しょうらい》のことを占う意味ではないかと白川静さんは考えていました。

将来を占う行為から「あらかじめ」「かねて」の意味となったと考えられますが、でも「そのことを今は確《たし》かめることができない」と白川静さんは字書『常用《じょうよう》字解《じかい》』に書いています。

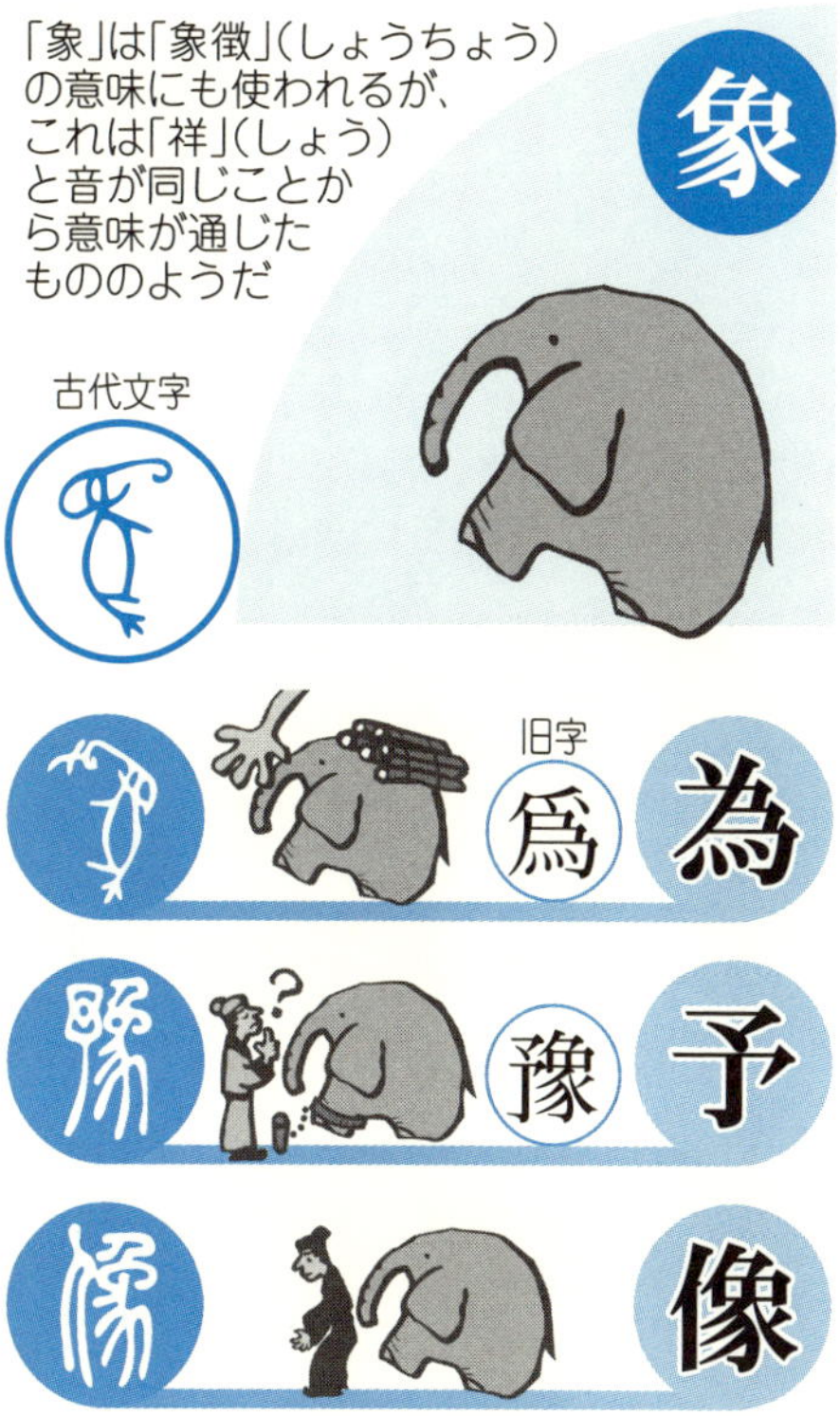
象
「象」は「象徴」(しょうちょう)の意味にも使われるが、これは「祥」(しょう)と音が同じことから意味が通じたもののようだ
古代文字
為
旧字
爲
予
豫
像

なお「豫」とは別の「予」があります。それは織物《おりもの》に使う用具「杼《ひ》」を意味する「予」です。

他にも「象」の字形をふくむ漢字には「像《ぞう》」があります。

この「像」は「様」と通じる音を持っていて、そこから「かたち」「ありさま」の意味となったようです。

# 力

## 土地を耕《たがや》す農具である鋤《すき》のことです

音 リョク・リキ　訓 ちから・すき・つとめる

1年生

「犬」や「羊」、また「牛」「虎《とら》」「象」など、漢字にはたくさんの動物が出てくるので、古代中国は狩猟《しゅりょう》で生活していた社会だった思う人も多いかもしれません。

でも古代中国は農耕《のうこう》社会でした。日本も農耕社会でしたから、われわれが日常《にちじょう》使う漢字の中にも、ほんとうにたくさんの農業に関係する文字があります。このことを紹介《しょうかい》したいと思います。

その農耕に関する字で、最も基本《きほん》的な漢字は「力」です。

「力」の古代文字を見てください。これは土地を耕《たがや》す農具の「鋤《すき》」の形です。鋤で土地を耕すには「ちから」が必要でした。そこで「力」の字が生まれたのです。漢字には実に多くの「力」をふくんだ字があります。

まずは「男」から説明しましょう。「男」は「田」と「力」を合わせた字で、「田」を耕作することです。もともと、この「男」は農作業の管理者を意味する文字でした。

領地《りょうち》を支配《しはい》する諸侯《しょこう》の称号《しょうごう》に男爵《だんしゃく》があります。公爵、侯爵《こうしゃく》、伯爵《はくしゃく》、子爵、男爵の五段階《だんかい》の最下位の称号ですが、この男爵とは農作業の管理者に与《あた》えられるものでした。それが農作業する「おとこ」の意味になっていったのです。

次は「加」です。これは「力」と「口」を合わせた文字です。

「口」は顔にある「くち」ではなく、神様へ祈《いの》るための言葉である祝詞《のりと》を入れる器「サイ」のことです。お祓《はら》いのために鋤に祝詞を加えたのです。そこから「くわえる」意味になりました。

古代中国では農具を清めてから、農作業を始めないと、虫が発生して作物が食べられてしまうと信じられていたのです。

この「加」にさらに「貝」を加えたのが「賀《が》」という文字です。

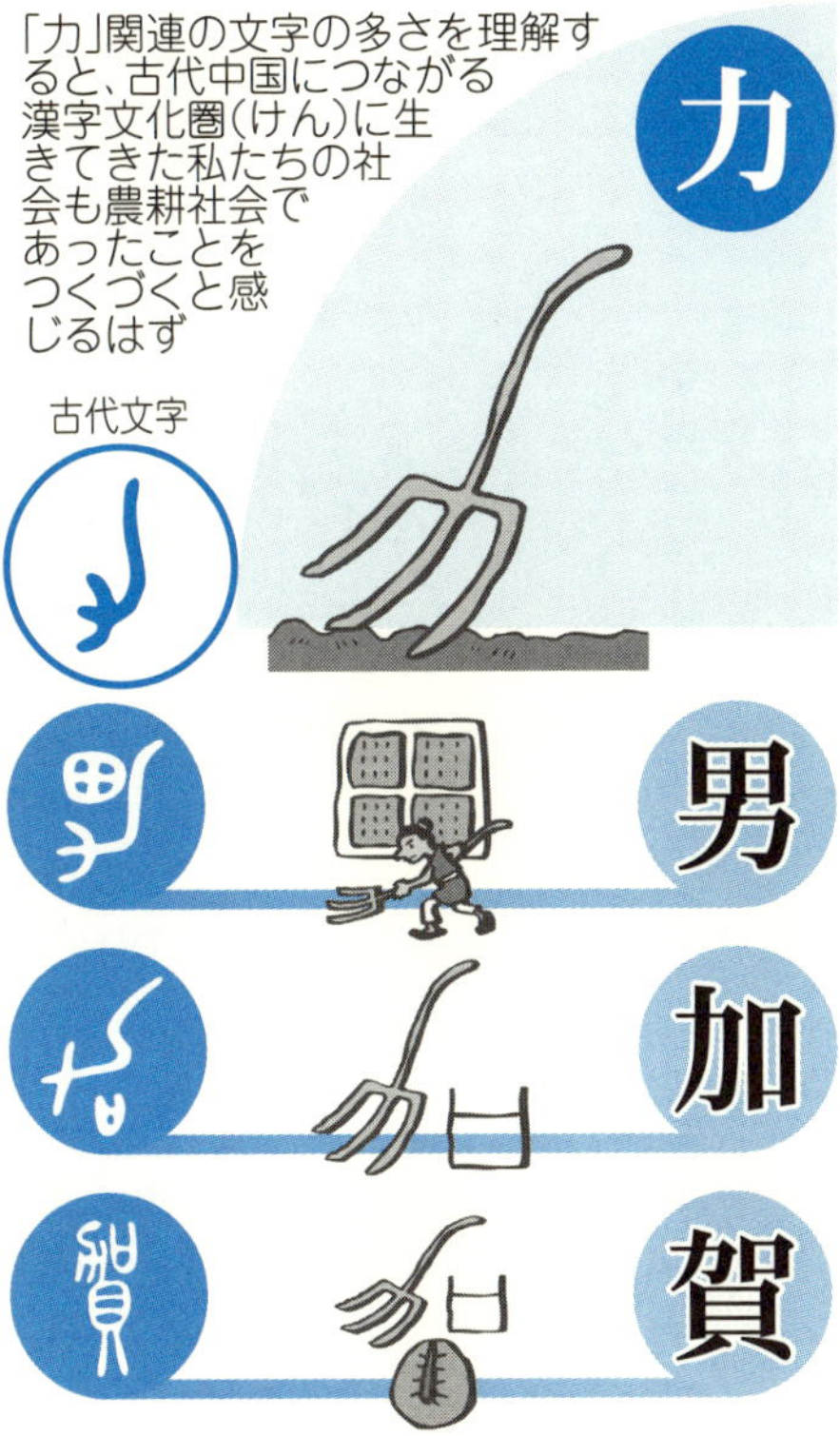
力
「力」関連の文字の多さを理解すると、古代中国につながる漢字文化圏(けん)に生きてきた私たちの社会も農耕社会であったことをつくづくと感じるはず
古代文字
男
加
賀

この貝は南海産の貴重《きちょう》な貝である「子安貝」で、生産を高める力があると考えられていました。生産力を増《ま》すために神への祈りの言葉である祝詞に加え、さらに子安貝を加えて農作物の豊作《ほうさく》を祈ったのです。

「賀」はもともとは農作物に対する儀式《ぎしき》の文字でしたが、後にすべての生命や生産に対して「いわう、よろこぶ」ことを示《しめ》す意味の字になりました。

# 労

## 農具である鋤《すき》を聖《せい》なる火の力で清めることです

音 ロウ　訓 つとめる・つかれる・ねぎらう・いたわる

**4年生**

農耕《のうこう》社会だった古代中国では虫害を防《ふせ》ぎ、やすらかな収穫《しゅうかく》を願うことが非常《ひじょう》に大切でした。虫害を防ぐいろいろな儀式《ぎしき》をしていました。

まず「嘉《か》」の字を紹介《しょうかい》しながら、それを説明しましょう。この「嘉」は「加」の上に太鼓《たいこ》の「鼓」の偏《へん》部分をのせた字です。「加」は農具の鋤《すき》を表す字形「力」に、神への祈《いの》りの言葉である祝詞《のりと》を入れた器「サイ」を加えた文字です。そこへさらに太鼓の音を加えたのです。

太鼓の音で大切な農具に悪い虫が付かぬようにお祓《はら》いをするのです。虫が付かないので「よい」の意味になりました。

「静」も鋤を清める字です。現在《げんざい》の字形では鋤を表す「力」との関係は分かりにくいので、古代文字を見てください。

一番下の小さいフォーク状《じょう》の字形は「手」を表しています。下から右上に伸《の》びているのが鋤です。それを「手」で持っています。つまり「争」の部分は手で鋤を持つ形です。そして「青」は青丹《あおに》から作る青色の絵の具で、器物を祓い清めるのに使われました。大切な農具を清め、収穫のやすらかなことを祈ったので「静」は「やすらか」「しずか」の意味になりました。

「労」（勞）も鋤を清める文字ですが、その前に「栄」について述《の》べたいと思います。

これは旧字《きゅうじ》「榮」を見てください。冠《かんむり》の「冖」に「火」を二つのせた形は松明《たいまつ》を組み合わせた篝火《かがりび》です。それに「木」を加えた「榮」は篝火が明るく燃《も》え栄えるさまを草木のことに移《うつ》して、「花」の美しく「はなやぐ、さかえる」様子のことです。そこから一般《いっぱん》的に「さかえる」意味の文字になりました。

そこで「労」（勞）にもどってください。字形上部は松明を組み合わせた篝火です。その聖《せい》なる火で「力」（鋤）を清める儀式を「勞」と言いました。

古代文字
嘉
旧字
靜
静
榮
栄
勞
労
「労力」や「勤労」の文字のすべてに「力」の字形がある。いかに農耕と結びついた社会であったかがよくわかる

もともと「勞」は、神が「ねぎらう」「いたわる」意味でしたが、そこから転じて「勤労《きんろう》」のように仕事に「つとめる」「はたらく」の意味となり、さらに働くので「つかれる」の意味となっていきました。

古代中国では、農耕の始めと終わりに農具を祓い清める儀式があったそうです。

# 努

## 奴隷《どれい》が農耕《のうこう》につとめることです

音 ド・ヌ　訓 つとめる

4年生

農具の鋤《すき》を表す「力」に関連する字について説明してきましたが、日常《にちじょう》使う漢字の中には、まだまだたくさんの「力」に関係した文字があるのです。

しかも鋤は農作業に使う道具ですから、労働に関するものがほとんどです。働くことはいつの時代もたいへんなことですが、昔は機械化はまったくありませんので、人間の力のみが頼《たよ》りです。したがって紹介《しょうかい》する文字も結構《けっこう》、たいへんな内容《ないよう》を持ったものが多いのです。

まずは「動」の紹介からです。

この字の偏《へん》は現在《げんざい》の字形では「重」ですが、元の字形は「童」でした。「童」は「章」の字について紹介する回でも説明しましたが、目の上に入れ墨《ずみ》をした人の意味で、犯罪《はんざい》を犯《おか》して刑罰《けいばつ》を受けている者、または奴隷《どれい》的身分の人のことで、農奴の身分とされた者もありました。

その「童」たちの労働歌が「童謡《どうよう》」です。ですから「童謡」は現代のように子どもたちの歌というものではなくて、奴隷の労働歌ゆえに呪《のろ》い的な力もある歌で、恐《おそ》れられたようです。

この「童」(重)に「力」(鋤)を加えた「動」は農耕《のうこう》に従事《じゅうじ》することです。そこから体を「うごかす」「うごく」の意味となりました。でも元来は偏が「童」でしたから、もともとは受刑者や奴隷的な召使《めしつか》い、農奴たちが農耕に従事する意味の文字です。

現在は「はたらく」意味の字には「動」に「人」を加えた「働」を使っていますが、これは日本で生まれた文字です。でも中国に逆輸入《ぎゃくゆにゅう》されて、中国でも「はたらく」意味に使われています。

「努力」という言葉の両文字にも「力」があります。ほんとうに「力」が漢字には多いですね。

その「努」は「奴」と「力」で出来た文字ですが、まず「奴」について説明したいと思います。「奴」は「女」に「又《また》」を加えた文字です。「又」は手を表す形です。

古代文字
動
古代文字なし
働
奴
努
「怒」(いかる)「弩」(ど＝おお弓)など「奴」を含む字には激しく勢いが強い意味がある。「努」の古代の農作業も激しく強い力が必要なものだった
古代文字なし

つまり「奴」という文字は「女」を「手」で捕《つか》まえて奴隷にすることを表しているのです。そのため、意味に「めしつかい」「しもべ」「やっこ」などがあります。

その「奴」に「力」（鋤）を加えて、農奴が農耕に努めることを意味する漢字が「努」なのです。

そのことから、すべてのことに「つとめる」「はげむ」意味となりました。

# 勉

## ふす姿勢《しせい》で農作業につとめることです

音 ベン　訓 つとめる・はげます

3年生

「労力」「努力」など「力」をふくむ熟語《じゅくご》はどうも意味が重たいものが多く、説明していても少し気分がめいってきます。今回紹介《しょうかい》する「勤勉《きんべん》」という熟語を構成《こうせい》する二つの漢字にも「力」がふくまれていて、その意味も軽いものではないのです。

でもともかく、まず「勉」のほうから説明しましょう。

「勉」は「免《めん》」と「力」を合わせた字形です。この「免」は子どもを産む「分娩《ぶんべん》」の意味と、「冑《かぶと》を免《ぬ》ぐ」という二つの意味があります。この「勉」の「免」の場合は「分娩」の意味のほうです。

「力」は農具の鋤《すき》のことです。「免」は分娩と同様に「俛《ふ》す」姿勢《しせい》のことで、農耕《のうこう》作業のときと似《に》ている姿勢なのです。そこから農作業に「つとめる」ことを「勉」と言うようになりました。

「勤勉《きんべん》」の「勤」は「堇《きん》」と「力」とを合せた字形です。

「堇」は日照り続きで、雨を降《ふ》らすために、神に仕える巫《ふ》が自分の体を火で燃《も》やして祈《いの》り、降雨《こうう》を願う姿《すがた》です。非常《ひじょう》に怖《こわ》い漢字ですが、日照りと飢饉《ききん》を表している文字と考えてください。

それに「力」を加えた「勤」は、飢饉にならないように農耕に励《はげ》み努力するという文字です。元来は飢饉にならないように「つとめる」意味でした。

その農耕に励む「励《れい》」にも「力」がありますね。「励」の旧字「勵」の偏《へん》の「厲《れい》」は「礪《れい》」のことで、硬《かた》い礪石《といし》のことです。硬い石が多い荒《あれ》れた土地を「力」で耕《たがや》す文字が「励」です。当然、苦労が多いので「はげむ、はげます、つとめる」などの意味となりました。そこから一所懸命《けんめい》はげむ「精励《せいれい》」や気力をふるいおこしてはげむ「奮励《ふんれい》」などの言葉も生まれました。

「義務《ぎむ》」の「務」にも「力」があります。これは「敄《む》」と「力」を合わせた字です。その「敄」は「矛《ほこ》」と「攵《ぼく》」で出来ています。

「攵」は元は「攴」という字形です。この「卜」は木の枝《えだ》のようなもののことです。下の「又《また》」は手のことです。

つまり「攵」（攴）は、何か道具を持って相手を打つ文字の形です。「敄」の場合、「矛」を上げて人に迫《せま》り、人を使いこなす意味です。「力」は鋤のことですから、農耕に「つとめ」させるというのが「務」のもともとの意味だったのです。

「勉強」（努力すること）は学校や家庭で学ぶことの意味のようになっているが、もともとは「農耕につとめる」という意味の言葉だった
勉
古代文字
勤
旧字
勤
励
勵
古代文字なし
務

# 勝

## 神様へ捧《ささ》げ物を贈《おく》り、農業の吉凶《きっきょう》を占《うらな》うことです

音 ショウ　訓 かつ・まさる

3年生

漢字には、農具の鋤《すき》を表す「力」に関係する文字が非常《ひじょう》に多いことが分かっていただけたと思います。まだまだたくさんあるのですが、でも農具の鋤である「力」に関係する漢字は、この回で最後にしたいと思います。

以前、鳥占《とりうらな》いの関係の「観」の紹介《しょうかい》の時にも挙げましたが、まず「勧《かん》」の説明から始めたいと思います。「勧」の旧字「勸」の偏部分の「雚《かん》」は「鸛」のことでコウノトリです。この「雚」の前に「力」（鋤）を置き、その年が豊作《ほうさく》か、凶作《きょうさく》かを鳥で占ったのです。こうして神の意思をきいて農作業をすすめるので「すすめる」の意味となり、神意に従《したが》ってやるので「つとめる」意味になったのです。

「劣《れつ》」はこれまでの説明で類推《るいすい》できるかと思います。「少」は農作物の収穫《しゅうかく》が少ないことです。農具の鋤「力」に関係したことが「劣《おと》る」とは、農耕《のうこう》の耕作力が「おとる」意味でした。

最後に「勝」という字を紹介したいと思います。

これは「朕」と「力」を合わせた字形です。「朕」は「よう」と読みます。偏の「月」は「舟《ふね》」の変形で盤《ばん》のことです。旁《つくり》は両手でものを捧《ささ》げ持つ字形です。つまり「朕」は盤の中に何かを入れて両手で捧げ、それを贈《おく》ることです。

この「朕」に「力」を加えた字が「勝」です。これは農事を始める際《さい》に盤中に神への捧げ物を入

れて、「力」（鋤）に加えて祭り、農事の吉か凶かを占った文字なのです。そして神からよい結果の「吉」を得るのを「勝」と言ったのです。

さて「朕」は辞書に「ちん」の音で出ていることが多いです。この字を天子の自称《じしょう》の言葉として使ったのは秦《しん》の始皇帝《しこうてい》に始まります。でも説明したように白川静説では「朕」の音は「よう」です。確《たし》かに「朕《よう》」と「勝《しょう》」「謄《とう》」「騰《とう》」などは似《に》た音ですが、「ちん」では随分異《ずいぶんこと》なった音です。

古代文字
旧字
勸
勧
豊
凶
劣
朕
朕
勝
勝
吉
「戸籍謄本」（こせきとうほん）などの「謄」は「朕」に「言」を加えた字。約束の文書の副本を作って贈ることを「謄」という

白川静さんは目偏の「眹《ちん》」という字と、始皇帝が読み間違《まちが》ってしまったのだろうと述《の》べています。偏が「月」と「目」で似《に》ているので、同音と思いこんでしまったようなのです。

始皇帝が初めて中国を統一《とういつ》したのは、漢字の発明から千年後。漢字の読みがすでに不正確《ふせいかく》になっていたということですね。「朕」は始皇帝以来、ずっと間違って読まれてきたようです。

# 女

## ひざまずく女性《じょせい》の姿《すがた》のことです

音 ジョ・ニョ・ニョウ　訓 おんな・め・むすめ・めあわす・なんじ

1年生

「力」は農具の鋤《すき》の形です。その鋤で「田」を耕作《こうさく》することから「男」の字が出来ました。では「女」は何でしょうか。何回か、女性《じょせい》に関する漢字を紹介《しょうかい》したいと思います。

その「女」という字は手を前で重ねてひざまずいている女の姿《すがた》をかいたものです。これは「男の前で、ひざまずいている女の姿」だという意見があります。でもこれは間違《まちが》いのようです。

例に挙げた「女」の古代文字を見てください。女性の周りに水滴《すいてき》のような点々がついています。この滴《しずく》はお酒です。つまりお酒で女性を清めている字形で、それは神様に仕えるときの姿です。女性がひざまずいているのは男性《だんせい》の前ではなく、神様の前なのです。このように男性と女性に関する根拠《こんきょ》のない考えや偏見《へんけん》を正していくのも白川静さんの漢字学の特徴《とくちょう》です。

「ごとく、ごとし」という言葉を表す「如《じょ》」も神に仕える女性のことです。この「口」は何度も説明していますが、神への祈《いの》りの言葉である祝詞《のりと》を入れる器「口《サイ》」のことです。これに「女」を加えて、祝詞を唱えている巫女《みこ》さんの姿を文字にしたものが「如」です。

その巫女さんに神様からのお告げがあります。その神のお告げの通りにするので「ごとく、ごとし」の意味となったのです。

この「如」をふくんだ文字に「恕《じょ》」があります。現代《げんだい》では「ご寛恕《かんじょ》ください」（ひろい心でおゆるしください）などと使います。「恕」の「如」は神の心を聞く巫女さんのことです。「恕」は、その心のことです。相手の心（神の心）を思うことで、自分の心を知り、相手を「ゆるす」意味になりました。

「嫁《よめ》」という字は「家」と「女」を合わせた文字です。でも、この「家」は先祖《せんぞ》を祭る廟《みたまや》のことです。「宀《うかんむり》」は廟の屋根の形。「豕《し》」の部分は獣《けもの》の下半身のことで、建物を祓《はら》い清めるために埋《う》められた生けにえです。「豕」の部分は今は「豕」（豚《ぶた》）ですが、甲骨文《こうこつ》字では「犬」の形で、廟を建てる際《さい》の地鎮祭《じちんさい》での生けにえであることが分かります。

その「家」と「女」を合わせた「嫁《か》」という字は、その廟で先祖に奉仕《ほうし》する女性の意味がもともとの意味でした。

先祖を祭る廟を中心に家も家族もあるので、「家」が「いえ」の意味となったのです。

女
「女」は代名詞としての「なんじ」の意味もある。代名詞については後に「汝」（なんじ）の字を用いるようになった
古代文字
嫁
如
恕

# 安

## 嫁《とつ》ぎ先の廟《みたまや》にお参りする女性《じょせい》の姿《すがた》のことです

音 アン　訓 やすい・やすらか・いずくんぞ

3年生

「女」をふくむ漢字はたくさんありますが、よく知られた字で、考えてみると、なぜ「女」があるのだろうと疑問《ぎもん》に思う漢字に「安」があります。

神様の前にひざまずく女性《じょせい》の姿《すがた》が「女」ですが、この「安」もやはり同じ意味を含んだ漢字のようです。「安」の「宀《うかんむり》」は建物の屋根のことですが、この場合、祖先《そせん》の霊《れい》を祭る廟《みたまや》の屋根を表しています。「安」はその廟の中で女の人が座《すわ》っている姿です。

つまり新しく嫁《とつ》いできた女性が嫁ぎ先の廟にお参りし、その家の先祖の霊から自分の安泰《あんたい》を求める儀式《ぎしき》をしているのが「安」です。

古代文字を見ると女性の下に短い斜線《しゃせん》があります。これは新妻《にいづま》安泰の儀式の際《さい》に加えられた霊力ある衣です。「衣」の回で「衣」に宿っている霊力について紹介《しょうかい》しましたが、この衣を通して、その家の先祖の霊が新妻に乗り移《うつ》り、家人として認《みと》められて安らかな気持ちになるのです。そこから「やすらか」の意味になったのです。

「按摩《あんま》」の「按」という字は「安」に「扌《てへん》」（手）を加えた文字です。これも新妻を手で押《お》さえて落ち着かせている姿なのです。新妻を落ち着かせる際に、手で押さえるので「おさえる、しらべる」になりました。

「宴会《えんかい》」の「宴」という字にも「女」の字形があります。その「宴」を、別な角度から見てみると、これは「安」の「宀」と「女」の間に「日」を加える形ですね。この「日」は日月の「日」ではなく、廟の中の女性に加えられた霊力ある玉のことです。この玉を加えることによって、その人の中にある精気《せいき》を盛《さか》んにし、豊《ゆた》かにすることを「魂振《たまふ》り」と言います。

廟の中で魂振りの儀礼をする女性の姿が「宴」で、そこから「やすらかにする」「たのしむ」の意味が生まれたのです。今の「宴会」「酒宴」の意味での使用は後世のことです。

別な古代文字「」には廟の中の女性の周りに水滴（すいてき）がかかっている。「女」の字のところでも述べたが、儀式の際に女性を清めるお酒だ

ついでに覚えておくといいのが「晏《あん》」です。この「晏」は「宴」と同じ文字構成《こうせい》です。今度は「日」が「安」の上にのっている字形。この「日」もやはり魂振りの玉です。

その玉で魂振りして女性の安泰を願う儀式です。そこから「やすらか」の意味となったのです。

# 毎

## 髪《かみ》を結ってかんざしを挿《さ》した女性《じょせい》が祭り事にいそしむ姿です

音 マイ　訓 いそしむ・つねに

2年生

女性《じょせい》とヘアスタイル、かんざしや髪飾《かみかざ》りというものの関係は深いものです。古代中国での女性とかんざしや髪飾りとの関係を示《しめ》す文字があります。そのいくつかを紹介《しょうかい》したいと思います。

嫁《よめ》入りした家の先祖《せんぞ》の霊《れい》にお参りするために、廟《みたまや》の中で座《すわ》っている新妻《にいづま》の姿《すがた》が「安」という字でした。「夫」という字を説明した回でも紹介しましたが、その新妻の「妻《つま》」という字が、かんざしと関係した文字です。

「妻」は「十」と「ヨ」の真ん中の横棒《よこぼう》が右に突《つ》き出た字形（「彗《すい》」の下部と同形）と「女」を合わせた文字です。この「十」の部分が「かんざし」を三本かいた形です。「ヨ」の真ん中の横棒が出た字形は「手」の形です。それに「女」を加えた「妻」は、三本のかんざしを、手で頭に挿《さ》している女性の姿を字にしたものです。これは結婚《けっこん》式の際《さい》に正装《せいそう》した女性の姿でした。

次に紹介したい文字は「毎」です。これも頭に三本のかんざしを挿した女性の姿なのです。今の字形では分かりにくいので、「毎」の古代文字を見てください。上部が頭に挿した三本のかんざしです。下部の「母」も古代文字のほうが分かりやすいですが、胸《むね》に乳房《ちぶさ》のある女性の形です。ですから「毎」は髪を結ってかんざしを挿して身だしなみを整えた女性が祭り事に「いそしむ」という意味です。現在《げんざい》の「つねに」の意味は字の音を借りて別の意味を表す仮借《かしゃ》という用法です。

「すばしこいこと」を「敏捷《びんしょう》」と言いますが、この「敏」も「捷」もやはりかんざしを挿した女性です。まず「敏」から説明しましょう。

これは「毎」に「攵《ぼく》」を加えた字形です。「攵」は木の枝《えだ》などで何かを打つ形ですが、古代文字を見ると「攵」ではなくて、「又《また》」（手の形）の形に書かれたものがあります。

つまり「毎」に「又」（手）を加えたのがもとの「敏」で、正装した女性が、手で髪飾りを整えながら祭事にいそしむ姿を「敏」というのです。

祭事の際には婦人（ふじん）たちは、髪に添（そ）え髪を加え、かんざしを用いた。「毎」「敏」「捷」などは、それを示す文字

最後は「捷」です。旁《つくり》は「妻」の「女」が「止」になった形ですね。「止」は「足」のことで、人が動くことです。これに「扌《てへん》」（手）を加えた「捷」は、かんざしなど髪飾りを着けた女性がそれに手を添《そ》え、祭事に忙《いそが》しく奔走《ほんそう》する姿のことです。つまり怠《おこた》らずすばやく祭事につとめることを「敏捷」と言うのです。

# 参 三本のかんざしが中央に集まる姿《すがた》のことです

4年生

音 サン・シン　訓 まいる・まじわる・みつ

女性《じょせい》と髪飾《かみかざ》りやかんざしをめぐる文字はまだまだあります。「毎」の回で、正装《せいそう》した女性が、手で髪飾りを整えながら祭事につとめはげむ姿《すがた》が「敏《びん》」であることを説明しました。その「敏」に「糸」を加えた「繁《はん》」について紹介《しょうかい》しましょう。

この「繁」はかんざしなどの髪飾りをつけて正装した女性が、さらに糸飾りをつけている姿です。つまり飾りが多すぎる女性。そこから「おおい」「しげし」となりました。「繁茂《はんも》」など「たくさんしげる」にも、「繁雑《はんざつ》」など多すぎて「わずらわしい」意味にも使います。

この「繁」と似《に》た内容《ないよう》を持つ字が「毒」です。

「母」の部分は乳房《ちぶさ》のある姿で「女性」の意味です。上部は「十」と「二」を合わせたような字形です。「十」は「妻《つま》」や「捷《しょう》」の時にも説明しましたが、髪に三本のかんざしを挿《さ》している女性のことです。そして「二」の部分もかんざしなのです。

つまり「毒」は祭事に奉仕《ほうし》する際《さい》に髪飾りをいっぱいつけた女性のことです。髪飾りをつけすぎて、厚化粧《あつげしょう》となった女性の姿が毒々しいので「どく」の意味となりました。毒薬の「どく」の意味は音だけを借りて別の意味を表す仮借《かしゃ》の用法のようです。

もう少しかんざし関係の文字を紹介しましょう。それは「参」と「斉《せい》」です。

まず「参」は古代文字を見てほしいのですが、三本のかんざしをした人を横から見た形です。それに物が輝《かがや》く記号的な「彡《さん》」を加え、かんざしについている玉が光っていることを表しています。古代文字を見るとかんざしが三本中央にまとまった姿です。この三本のかんざしが一カ所に集まっているので「参集」「参加」など「あつまる」意味もあります。

そして三本のかんざしなので数字の「三」の意味にも使われるのです。また三本のかんざしが一カ所に集まるとかんざしの高低が不揃《ふぞろ》いになりますので、「ふぞろい」の意味もあるのです。「参差《しんし》」という言葉があるのですが、それは「長短不揃いになっているさま」のことです。

そして、三本のかんざしを並《へい》列《れつ》に挿すのが「斉」という字なのです。並列に挿せば不揃いになりませんので、「ひとしい」とか「ととのう」の意味となったのです。

古代文字
旧字
繁
毒
参
參
斉
齊
参詣(さんけい)の「詣」は、本来は「至る」の意味で、参詣とは中国では「集まり至る」という意味。もっぱら「寺社に参拝する」に使うのは日本独特の用法

# 婦

## 酒を振《ふ》りかけたほうきで廟《みたまや》を清める主婦《しゅふ》のことです

音 フ　訓 よめ・つま・おんな

5年生

「婦《ふ》」は「女」に「帚《そう》」を加えた文字です。「帚」は「ほうき」のことですが、この「婦」には「帚《ほうき》を持つ女の人が家のごみを掃除《そうじ》する」というイメージがつきまとっています。

後漢の人・許慎《きょしん》が紀元百年ごろに書いた『説文解字《せつもんかいじ》』という有名な字書があります。それにも「婦」は「服なり。女の帚を持つに従《したが》ふ。灑埽《さいそう》するなり」とあります。

「服なり」とは服従《ふくじゅう》すること。「灑埽」（灑掃）はごみ取りの掃除をすることです。つまり服従する人、掃除をする人が「婦」だと言うのです。

漢字学の聖典《せいてん》と呼《よ》ばれる許慎の『説文解字』が「婦人」の「婦」について、「服従する人」「ごみ掃除をする人」と記しているわけですから、「婦」を「帚を持つ女の人が家のごみを掃除する」ことだと思ってしまうのも無理がないですね。

でも許慎が『説文解字』で書いていることも、白川静さんの研究によると、みな根拠《こんきょ》のない俗説《ぞくせつ》にすぎないのです。「帚」は木の先を細かく裂《さ》いた帚の形をしたものですが、これはごみ掃除の道具ではなく、香《かお》りをつけた酒を振《ふ》りかけて、家の祖先《そせん》の霊《れい》を祭る廟《みたまや》を祓《はら》い清める行為《こうい》に使うものでした。その仕事に主婦として当たる者を「婦」と言ったのです。

そして「掃除」の「掃」の「帚」も、お酒を振りかけ、先祖の霊を祭る廟の中を祓い清めるためのものです。それを「手」(扌)に持って、廟を清める字が「掃」です。

「掃除」の「除《じょ》」も神様が天から降《お》りてくる土地に「余《よ》」(取っ手のついた長い針《はり》)を刺《さ》して、悪い霊を祓い清める字です。「掃除」はもともとは祓い清める行為でした。

この回の最後に「帰」という字について説明したいと思います。

これは旧字《きゅうじ》の「歸」のほうが分かりやすいですが、「歸」の偏《へん》は「師《し》」の偏と同じ字形の下に「止」を加えた形です。

古代文字
帚
古代中国の殷(いん)の王・武丁(ぶてい)の妻・婦好(ふこう)は1万数千人の軍隊を従えて戦争に出ている。男性に服従する女性のイメージとはずいぶん異なる
婦
旧字
婦
掃
掃
帰
歸


「師」の偏と同形部分は戦いの際《さい》に携行《けいこう》する肉で、軍を守る霊的な力のあるものです。

その下の「止」は足の形で「帰ること」です。

つまり「帰」(歸)とは自軍を守ってくれた肉を「帚」で清めた廟にお供《そな》えし、無事の帰還《きかん》を先祖の霊に報告《ほうこく》する儀式《ぎしき》のことでした。そこからすべての「かえる」意味となったのです。

# 寝

## お酒を振《ふ》りかけて祓《はら》い清めた廟《みたまや》のことです

音 シン　訓 ねる・ねかす・みたまや

中学生

この回も「帚《ほうき》」に関連した漢字の紹介《しょうかい》なのですが、「帚《そう》」の字形が少し省略《しょうりゃく》されてふくまれている字について、説明したいと思います。

「帚」は前の「婦《ふ》」の回にも述《の》べましたが、木の先を細かく裂《さ》いた帚の形をしたもので、香《かお》りをつけた酒を振《ふ》りかけ、祖先《そせん》の霊《れい》を祭る廟《みたまや》などを祓《はら》い清める行為《こうい》に使うものでした。

さて、その「帚」の字形が省略されてふくまれている漢字の例の一つは「浸《しん》」という字です。この「浸」の旁《つくり》は「帚」の「巾《きん》」が省略され、その替《か》わりに「又《また》」（手）を加えた形です。つまり旁は「帚」を手で持つ姿《すがた》です。

イラストにある古代文字は後漢の許慎《きょしん》という人が書いた有名な字書『説文解字《せつもんかいじ》』に挙げてある「浸」の字で、「濅《しん》」という字形をしています。

この「濅」から「宀」と「氵《さんずい》」を除いた部分は、「帚」を「又」（手）で持つ形が、そのまま文字になっています。この「濅」の「宀」は廟の建物のことで、この場合は「寝殿《しんでん》」（宮殿の中心である正殿《せいでん》）のことです。「氵」は清めの酒のことです。

つまり「帚」に香りをつけた酒を振りかけて、それを手に持って寝殿を祓い清めていく文字が「浸」なのです。「帚」で寝殿を祓い清めるうちに、お酒のにおいが寝殿の中に染《し》み渡《わた》っていきます。そのように、お酒を浸《ひた》してお祓いをするので、「ひたす」の意味になったのです。

「帚」についたお酒の香りが廟の中にしだいに浸透《しんとう》していくことが「浸」ですが、それを戦争のときのことに意味を移《うつ》して、「侵攻《しんこう》」「侵略《しんりゃく》」など、「人」に浸透していくことを「侵」と言ったのです。人に浸透していくことから「おかす」の意味となりました。

最後は「寝殿」の「寝」（寢＝旧字《きゅうじ》）の字について紹介しましょう。

古代文字
帚
旧字
浸
浸
侵
侵
寢
寝
「寝」の元は「寢」という字。「夢」の省略形に「帚」を加え、「宀」と「爿」を加えた文字。寝ている間に夢魔（むま）にあって病気となり寝こむことから「ねる」意味に

まず「寝」の古代文字を見てください。「寝」の古代文字は「宀《うかんむり》」と「帚」を合わせた形をしています。旧字体「寢」にある「爿《しょう》」は「寝台」の形なのですが、この「爿」の字形は「寝」の古代文字にはありません。

「寝」の「宀」は廟のことで、もともとは「帚」で酒を振りかけて祓い清めた廟が「寝」の意味でした。正殿を表す「寝殿」も、この意味からです。

# 追

## 自軍を守る霊力《れいりょく》ある二枚肉《にまいにく》を持って敵を追うことです

音 ツイ　訓 おう・およぶ

**3年生**

この回の漢字の中心は「師匠《ししょう》」「師弟」にある「師」の偏《へん》部分の字形「𠂤」です。単独《たんどく》で使われることはありませんが、読み方は「たい」「し」です。

これは軍隊が出陣《しゅつじん》する時に持つ肉の形です。古代文字とイラストを見てください。二枚《にまい》の肉の形をしていますね。

この二枚肉の「𠂤」には自軍を守る霊力《れいりょく》があると考えられていました。軍隊が戦いに行く際《さい》は必ずこの二枚肉を携帯《けいたい》したのです。

そのことを頭に入れて「師」の字を見てください。「師」の「帀《し》」は刀剣《とうけん》の形です。作戦上、軍隊が分かれて行動するときには、霊力のある肉を剣で切って、その軍隊にも肉を持たせました。

この軍隊を守る霊力のある二枚肉を「帀」（剣）で切っている者のことを「師」と言います。その大切な肉を切る権限《けんげん》は、その氏族（共通の祖先《そせん》を持つ人たち）の長老の仕事でした。「師」は引退《いんたい》後は若者《わかもの》の指導《しどう》にあたったので、「せんせい」の意味にもなりました。

「追」にもこの二枚肉の字形がふくまれています。

「辶《しんにゅう》」は道を行く意味。敵《てき》を追撃《ついげき》する時にも、その軍隊に自軍を守ってくれる二枚肉を持たせて敵を追いかけたのです。

このように「追」は軍事行動で敵を「おいかける」ことです。狩《か》りなどで獣《けもの》をおいかける時には「逐《ちく》」の字を使って区別していましたが、後にすべてのものを「おう」意味となりました。

「帰」については「婦《ふ》」の回に一度説明しましたが、二枚肉の「𠂤」に関係した文字として、その角度からもう一回、復習《ふくしゅう》の意味で説明しておきたいと思います。

「帰」の旧字《きゅうじ》「歸」は二枚肉の「𠂤」と「止」と「帚《そう》」と合わせた字ですね。「止」は足の形で、足を進めることです。「帚」は祖先の霊が祭られた廟《みたまや》を酒をかけた帚《ほうき》で清める姿です。

ですからこの「帰」（歸）は、酒で清められた廟に、自分たちの軍隊を守ってくれた霊力ある二枚肉を供《そな》え、無事の帰還《きかん》を報《ほう》告《こく》する儀式《ぎしき》のことなのです。

もともと「帰」は「軍が無事にかえる」ことでしたが、後にすべてのものが「かえる」意味になりました。

古代文字
𠂤
師
追
旧字
追
元来は「後ろから追う」意味だが、時間をさかのぼる意味にも昔から使われている。死んだ祖先の霊（れい）を供養し孝行する「追孝」という言葉もある
帰
歸

# 館

## 霊力《れいりょく》ある肉を安置して、将軍《しょうぐん》が生活する建物のことです

音 カン　訓 やかた

3年生

軍隊が行動をする際《さい》には、自分たちの軍を守ってくる霊的《れいてき》な力のある肉を必ず持って動きました。この肉に関係した漢字を「追」の回で紹介《しょうかい》しましたが、この回も、この霊力ある肉に関係した文字の説明です。

「追」の回で紹介したように、「師《し》」や「追」に共通してある「𠂤」は二枚《にまい》の肉の形をしています。この二枚肉には自軍を守る霊力があり、古代中国では軍隊はそれを非常《ひじょう》に大切にしながら行動していました。そして今回紹介する漢字は「𠂤」の上の点が省略《しょうりゃく》された形の文字です。

まず最近よく見かける「遣《けん》」の字です。「派遣《はけん》社員」という言葉にも使われる、この「遣」の「辶《しんにゅう》」以外の部分は二枚肉を両手で持つ形です。古代文字の方が分かりやすいので、見てください。

「辶」は道を行くこと。つまり自軍を守る霊力のある二枚肉を両手で捧《ささ》げ持って行動する姿《すがた》を表した漢字なのです。

「遣」とは、まず軍隊を派遣することでした。そこからすべてのものを「つかわす」意味になりました。「気を遣《つか》う」「小遣《こづか》い」の用法もありますが、これは日本語だけのものです。

現代《げんだい》では公務員改革《こうむいんかいかく》ということも政治《せいじ》の大テーマで、役人の意味である「官僚《かんりょう》」もよく目にする言葉です。そして、この「官僚」の「官」も二枚肉関係の文字なのです。

「宀《うかんむり》」は廟《みたまや》の屋根の形で、そこから建物の屋根のことを意味するようになりました。その屋根の下に、軍隊が行動する時には常《つね》に持っている霊力ある二枚肉を安置している文字が「官」です。

説明したように、この「官」には官僚・役人の意味がありますが、一般《いっぱん》的な官僚ではなくて、自軍を守る二枚肉をつかさどる軍の将軍《しょうぐん》、将官がもともとの意味です。

「館」という字にも二枚肉の字形がふくまれていますね。

古代文字
自
旧字
遺
遺
官
館
館
元は軍事、神事に関係した建物のこと。古くは政府の公館などを表した。その後、私人の大きな家も「館」となり、今では「旅館」「映画館」などにも使われている


実は、説明した「官」の字が「館」という文字の元の字形でもありました。

つまり「官」はまず軍隊の将軍、将官たちのことですが、その将軍、将官たちが生活する建物のことを示《しめ》す文字でもありました。将軍たちは、その建物の中で自軍を守る二枚肉の霊を迎《むか》えて、食事もしたので「官」に「食」を加えて「館」という文字が出来たのです。

# 季

## 霊魂《れいこん》が宿る稲《いね》の被《かぶ》り物を被って踊《おど》る子どものことです

**4年生**

音 キ　訓 すえ・とき

「力」は農具の鋤《すき》を表す文字で、これをふくむ「勤勉《きんべん》」「努力」「労務《ろうむ》」などの文字や言葉はすべて農作業関係のものでした。

このように古代中国は農耕《のうこう》社会だったので、稲《いね》を表す文字やその稲の順調な生育、豊作《ほうさく》を祈《いの》る人たちの姿《すがた》を表す文字もかなりあります。

今回紹介《しょうかい》する「委」「年」「季」の三文字もみな豊作を祈る文字です。それらの文字の関連性《かんれんせい》の中心にあるのは「禾《か》」です。

この「禾」は稲の形をした被り物です。「禾」は「稲魂《いなだま》」、つまり稲に宿る神様の霊《れい》の象徴《しょうちょう》でした。

そのことを頭に入れて以下のことを読んでください。

ではまず「委」の説明からです。「委」は「禾」と「女」で出来た文字です。説明したように、稲の形をした「禾」を被り、豊作祈願の歌や踊りをするのが「禾」です。

この「禾」には稲の神様の霊が宿っていて、「禾」を被ることによって、稲の神霊（稲魂）に扮装《ふんそう》して、豊作を願うのです。その「禾」に「女」を加えた「委」とは、その稲の神霊が宿る「禾」を被って、稲魂に扮装して踊《おど》る女性のことです。その際《さい》に、女の人は低い姿勢《しせい》でしなやかに踊りました。それゆえに「委」は「ふす」「まかす」などの意味になりましたし、しなやかに踊るので「よわよわしい」

「やつれる」の意味も生まれたのです。

「年」は、この稲の神霊が宿る「禾」を被って踊る男性のことです。現在《げんざい》の「年」の字形ですと、「禾」や「委」との関係が分かりにくいと思いますが、「年」の古代文字を見てください。古代文字の上部は「委」の上の「禾」と同じです。そして「年」の古代文字の下は「人」の字形で男性を表しています。稲の豊作を祈って踊ったので、「年」に「みのり」の意味がありますし、稲は年に一度実るので「とし」の意味にもなりました。

古代文字
禾
委
年
季
「」の古代文字もある。この片手を上げ、もう1つの手を下げている子どもの字形は王子を表す。殷(いん)王朝の王族の末の子が豊作祈願の踊りに加わったのだろう


豊作を祈って、稲の神霊が宿る「禾」を被り踊る男女に、子どもが加わる時もありました。それが「子」の上に稲の神魂が宿る「禾」を加えた「季」という文字です。「季」には「四季」などの「とき」の意味がありますし、子どもの中でも一番下の末っ子の意味があります。

# 委

霊魂《れいこん》が宿る稲《いね》の被《かぶ》り物を被り、低く踊《おど》る女性《じょせい》のことです

**3年生**

音 イ　訓 まかす

稲の形をした被《かぶ》り物である「禾《か》」を被り、豊作《ほうさく》を祈《いの》って踊《おど》る「女」が「委」です。その時、女性《じょせい》は低い姿勢《しせい》で、しなやかに踊りました。

それゆえに「委」をふくむ漢字のほとんどに「低い」「しなやか」「よわよわしい」などの意味があるのです。この「委」に関連した漢字を紹介《しょうかい》したいと思います。

まず「萎縮《いしゅく》」（なえしなびて縮《ちぢ》むこと）などの言葉に使われる「萎」からです。

この「萎」は「艹《くさかんむり》」と「委」で出来た文字。「委」には、女性が低くしなやかに踊ることから「よわよわしい」という意味があります。

その「委」に「艹」をつけた「萎」は草木が「よわよわしい」こと、「枯《か》れしぼむ」ことです。

そこからいろいろなものが「なえる」意味になり、「枯れしぼむ」ので「小さくなる」という意味になりました。

次は「矮《わい》」です。これは学校で習う漢字ではありませんが、「問題を矮小化《わいしょうか》した見方」などという用法で、しばしば使われる文字です。この「矮」も「委」との関連で覚えておくと忘《わす》れないと思います。「委」は稲の神様の霊《れい》が宿る「禾」を被り、低い姿勢で踊る女の人ですので、「矮」にも「低い、小さい」の意味があるのです。

ですから「矮小」とは「いかにも規模《きぼ》の小さなさま」のこと。また「矮軀《わいく》」とは「背《せ》たけの低い身体」のことです。「矮屋《わいおく》」は「小さな家」のことです。

「委」の関連文字で最後に紹介したいのは「倭《わ》」という字です。これは日本の名として中国の歴史書に出てくる字で、訓読みは「やまと」です。

「人」と「委」を合わせた字です。「委」は低い姿勢で踊る女の人のことですので、それに「人」を加えた「倭」は「萎縮した人」「小さい人」という意味あいをふくんでいる漢字です。

中国とは「中つ国」「中央にある国」という意味です。

中国人は自分の国が世界の中心だという中華《ちゅうか》思想を古くから持っており、周辺の文化の異《こと》なる国については未開な国と考えていました。この考え方が「倭」と日本を呼《よ》んだことにも表れていますね。

委
有名な金印「漢委奴國王印(かんのわのなのこくおういん)」の「委奴國」は「倭奴国」で、中国での昔の日本の国名。「奴」も女性を手でつかまえて奴隷(どれい)にする字。いい国名ではない
古代文字
萎
矮
倭

# 秀

## 稲《いね》の雄《お》しべ雌《め》しべが垂《た》れた姿《すがた》のことです

音 シュウ　訓 ひいでる

中学生

「禾」は稲《いね》の形です。その稲の形の被《かぶ》り物をつけて豊作《ほうさく》を祈《いの》る踊《おど》りをするのが「委」や「年」や「季」などの字であること。その延長線上《えんちょうせんじょう》に「萎《い》」「矮《わい》」「倭《わ》」という「委」を文字の中にふくんでいる文字には「低い」「小さい」「なえる」などの意味があることを紹介《しょうかい》してきました。

そこで、この回は豊作への祈りのことではなく、実際《じっさい》の稲の実りに関係した文字について説明したいと思います。

それらの中心的な字形は、やはり「禾」です。その「禾」は古代文字も稲穂《いなほ》が垂《た》れた形をしています。この「禾」に「乃」を加えた字が「秀《しゅう》」です。

「秀」の「乃」の部分は垂れた稲穂（禾）から、花が咲《さ》いている形なのだそうです。花が咲いて、雄《お》しべ雌《め》しべの「しべ」が垂れている姿《すがた》を文字にしたものです。「花」が咲く時は最も美しく、秀《ひい》でた状態《じょうたい》なので「ひいでる」という意味になりました。

次は「穆《ぼく》」です。これは学校では習いませんが、稲に関係ある文字なので、理解《りかい》するだけでいいですから、その説明を読んでください。

この「穆」の古代文字、とても愉快《ゆかい》な形をしていると思いませんか？

古代文字は絵のようにかいたものが多いので、愉快なもの、怖《こわ》いものなどいろいろありますが、ユーモラスな字形としては、この「穆」が屈指《くっし》でしょう。何度見ても心がなごむ古代文字です。

これは稲（禾）が実って、穂が垂れ、まさに実がはじけようとしている形をそのままかいた象形文字なのだそうです。つまり稲の実の中が美しく充実《じゅうじつ》しているさまです。

だから「穆」には「みのる」という意味がありますし、そのほかに「つつしむ」「まこと」「やわらぐ」の意味があります。「やわらぐ」とは稲のよく実る時の気候はやわらいでいるからです。

古代文字
禾
「秀才」や「秀英」という言葉は、もともと稲の花の美しい秀でたさまを人間のことに移して「すぐれた人」という意味にしたもの
秀
穆
禿

最後は「禿《とく》」です。

これは稲（禾）の実が落ちて、殻《から》になった状態《じょうたい》を表している文字です。

実が無くなった稲（禾）の状態を人間の姿に移《うつ》して、頭の禿《は》げている人のことを意味します。さらに他のことに移して「禿筆《とくひつ》」（穂先のすり切れた筆）などと言います。

このように「秀」「穆」「禿」は一連の象形文字なのです。

# 米

## 稲穂《いなほ》に実がついている姿《すがた》のことです

音 ベイ・マイ　訓 こめ

2年生

古代中国は稲作《いなさく》社会でした。ですから稲《いね》に関連した漢字はたくさんあります。

それら稲に関係した字を紹介《しょうかい》してきましたが、とりあえず稲の関係の文字をまとめて紹介するのは、この回でひとまず最後にしたいと思います。

その稲に関する文字で一番なじみ深いのは「米」という文字でしょう。イラストのところに挙げてある古代文字の「米」は、三千年以上前の甲骨《こうこつ》文字です。その字形を見ると、穂《ほ》の上と下に小さい点が三つずつかかれています。

これは「禾《か》」（稲の穂）に実がついている姿《すがた》です。何度か説明してきましたが、「禾」は稲に関する文字の基本《きほん》形で、これは稲穂が垂《た》れている姿をかいた字形です。古代文字を見るとそのことがよく分かると思います。「米」とは、その「禾」（稲穂）についた稲の果実のこと。そこから「こめ」の意味となりました。

次に、その「稲」の字について説明しましょう。

これは旧字《きゅうじ》「稻」のほうを見てください。旧字の「稻」は「禾」と「爪《そう》」と「臼《きゅう》」で出来ています。

この場合の「爪《つめ》」は「手」の意味で、「臼《うす》」の中の「禾」（稲）を「爪」（手）でかき出しているのが「稲」という字です。

イラスト欄《らん》に挙げておいた「稲」の古代文字では、「臼」の中のものが、「臼」の外にこぼれています。きっと「禾」（稲）がたくさん収穫《しゅうかく》されたのでしょう。

古代中国では青銅器《せいどうき》に穀物《こくもつ》を入れて神様にお供《そな》えしました。その青銅器には「用て稲粱《とうりょう》を盛《も》る」と記されているそうです。

「稲粱」とは「いねとおおあわ」のこと。このように「稲」はまず神様へのお供えものでした。

古代文字
禾
米
中国では古くから水稲栽培(すいとうさいばい)が行われていた。長江(ちょうこう)の中流域北岸にあった中国の新石器文化での米の種類は、日本種と同系だという
旧字
稻
稲
異体字
采
穂


最後は「稲穂」の「穂」です。この「穂」の元の字は「禾」の上に「爪」を加えた字形でした（イラスト欄に、その字形を挙げておきました）。この場合の「爪」も「手」を意味する字形です。古代文字も同じ形です。つまり「穂」の元の字は「禾」の穂の先を指先「爪」で摘《つ》み取ることを表したものです。

そこから「ほ」「ほさき」の意味となったのです。

# 王

## 玉座《ぎょくざ》の前に置かれた大きな鉞《まさかり》の刃《は》のことです

音 オウ　訓 きみ

1年生

漢字という文字を理解《りかい》するにあたって、「王」という字は非常《ひじょう》に重要なものです。それは、この「王」の字が意味する王様の存在《そんざい》が、後に漢字と呼《よ》ばれるようになる文字の誕生《たんじょう》と深く関係しているからです。ここで、その「王」に関係した字を紹介《しょうかい》したいと思うのですが、その前に「王」と文字の関係について少し書いておきましょう。

今から約三千二百年ほど前、古代中国の殷《いん》王朝の武丁《ぶてい》という王の時代に文字は生まれました。その時代は、亀《かめ》の甲羅《こうら》や牛の骨《ほね》などに刻《きざ》んで占《うらな》い、すべて神の意思を聞いて、祭りはもちろん、軍事行動なども決めていました。その占いについて記録する際《さい》の道具として生まれたのが文字なのです。古代中国社会では、王は神と会話ができることで権威《けんい》があるという存在《そんざい》でした。

その「王」の字は大きな鉞《まさかり》の頭部の刃《は》の形です。この鉞の刃は武器《ぶき》として持っていたのではなく、王位を示《しめ》すシンボルとして玉座《ぎょくざ》の前に置かれていたのです。これが王位を象徴《しょうちょう》するゆえに「おう」の意味となりました。

この王位を示す鉞の刃には強い霊力《れいりょく》があると考えられていました。ですから「王」の字形をふくむ字には鉞の刃の霊力と関係した字が多いのです。

まず「往《おう》」です。その古代文字を見てください。現代《げんだい》の字形では旁《つくり》の「王」の上が「丶」になっていますが、その部分が古代文字では「止」（之《し》）という字形になっています。この「止」は足の形で「行くこと」を表しています。「彳《ぎょうにんべん》」は十字路の左半分の形で、これも道を行く意味です。

つまり王の命令で旅に出る際に、王位の象徴の鉞の刃に足を乗せ、その威力を身につけて出かけたのです。そこから「ゆく」意味になりました。

「狂《きょう》」の古代文字の旁も「往《おう》」と同形です。鉞の刃に足を乗せると異常《いじょう》な霊力が与《あた》えられて、動物のように「くるう」ことから出来た文字です。

殷の王・武丁の時代に文字が約４千数百ほど作られたが、そのうちの約2500が今でも読める。3000年以上もずっと使い続けてきたからだ
王
古代文字
往
狂
汪


「汪《おう》」の字は学校で習う漢字ではないので理解するだけでいいと思います。でもこれまでの延長《えんちょう》線上で簡単《かんたん》に分かります。

これは王の鉞の刃から受ける霊力の勢《いきお》いが盛《さか》んなように、水が豊《ゆた》かにあるさまを表している字で「ひろい」「ゆたか」の意味があります。「汪然《おうぜん》」とは「水の勢いが盛んなこと」です。

# 皇

鉞《まさかり》の柄《え》に着けた玉の光が放射《ほうしゃ》し輝《かがや》くことです

音 コウ・オウ　訓 きみ・かがやく

6年生

「王」は王位を示《しめ》すシンボルとして王の前に置かれた大きな鉞《まさかり》の頭部の刃《は》の形を、そのまま字にしたものです。この王位の象徴《しょうちょう》である鉞の刃には強い霊力《れいりょく》があると考えられていました。ですから、その霊力のある「王」に関係した文字はたくさんあります。

「皇帝《こうてい》」や「天皇《てんのう》」「皇太子《こうたいし》」の「皇」もよく見てみると「王」の字形をふくんだ漢字ですね。「王」の文字に関係した「往」「狂」「汪」などの漢字について、「王」の回で説明しましたが、さらに「皇」など「王」をふくむ文字について紹介《しょうかい》したいと思います。

まず「旺盛《おうせい》」という言葉にも使われる「旺」です。「旺」の古代文字を見てください。現代《げんだい》の字形と違《ちが》い「日」と「往《おう》」を合わせた文字になっています。そして「王」の部分は現在《げんざい》の「王」の字形の上に「止」(之《し》)をのせた形になっています。

この「王」も鉞の刃の上に足をのせ、その強い霊力を身につける「往」の字と同様に、勢《いきお》いの盛《さか》んなことを表しています。ただし「旺」の場合は「日」の勢いが盛んなことです。つまり日の光が盛んなことで「さかん」の意味となりました。

日本の平安時代に学者を輩出《はいしゅつ》した「大江氏《おおえし》」という一族がいます。大江匡衡《おおえのまさひら》や、ひ孫の大江匡房《まさふさ》が有名です。二人の名にある「匡《ただす》」にも「王」の字形はふくまれています。

これは「匚《ほう》」と「王」を合わせた字形。「匚」は「はこ」の形で、この場合、囲われた場所、秘《ひ》密《みつ》の場所のことです。「王」の部分は「旺」と同様に「王」の上に「止」(之)をのせた形で、王位の象徴である鉞の刃の上に足をのせ、その強い霊力を身につける字形です。

ですから「匡《きょう》」は王の鉞の刃の上に足をのせて霊力を身につける儀式《ぎしき》を秘密《ひみつ》の場所で行い、それで得た霊力で敵《てき》を征服《せいふく》して正し、王の命令をあきらかにする字です。「匡」に「ただす」の意味があり、「まさし」の読みや「はこ」の読みもあるのです。

古代文字
王
旺
異体字
匡
皇
中国本土を初統一した秦王は「王」に代えて「皇帝」の称号を使い、「始皇帝」と称した。以後2000年あまり、中国では「皇帝」の称号が使われた

さて最後は、初めにも紹介した「皇」についてです。古代文字とイラストを見てほしいのですが、これは鉞の柄《え》を装着《そうちゃく》する部分に玉飾《たまかざ》りをつけた姿《すがた》です。玉の光が上のほうに放射《ほうしゃ》している形で「かがやく」という意味です。その輝《かがや》く鉞は王位の象徴ゆえに、王や君主の意味となりました。

# 仕

王に仕える戦士階級の人のことです

音 シ・ジ　訓 つかえる

3年生

まず「王」と「士」の古代文字とイラストを見てください。そうなんです。文字の下の部分がよく似《に》てますよね。この「王」は王の前に置かれた大きな鉞《まさかり》の刃《は》の形ですが、「士」のほうも小さな鉞の刃の形なのです。大きさが異《こと》なるだけです。

「王」の鉞は実用品ではなく、その大きな鉞の刃は王位のシンボルでした。それと同様に「士」の小さな鉞の刃も「士」の身分を示《しめ》すシンボルです。つまり「士」とは戦士階級の人たちが自分たちの身分のシンボルとして持つの小さな鉞の刃のことです。

紀元百年ごろ、後漢の許慎《きょしん》が書いた有名な字書『説文解字《せつもんかいじ》』には「士」は「一と十」からなり「一から十まで知るもの」とあります。白川静さんは当時の俗説《ぞくせつ》だろうと言っています。許慎は甲骨《こうこつ》文字などの古い字形を知らなかったのです。

次に「仕」です。これは「士」に「人」を加えた形。「士」は戦士階級の「人」で、その「人」が「王」に仕えるというのが「仕」のもともとの意味でした。その後に「すべての上の人に仕える」意味となったのです。

役人となって主君に仕えることを「仕官」と言いますが、この言葉中にも「王」に仕える人のニュアンスがありますね。

最後は「在《ざい》」です。これは「才」と「士」を合わせた文字です。現在《げんざい》の文字は「才」と「士」ですが、古代文字を見てみれば「士」の字形です。

この「才」の字は目印となる木に横木を渡《わた》し、その十字形の部分に神への祈《いの》りの言葉である祝詞《のりと》を入れた器「サイ」をかけた形です。そうすると目印の木の所が神の力で神聖《しんせい》な場所となるのです。その神聖な場所に小さな鉞の刃を置いて守るのが「在」です。そこは神聖な場所として「ある」という意味です。後にすべてのものが「ある」意味となりました。

ちなみに「在」の「士」が「子」となった「存《そん》」は、その神聖な場所「才」の力で「子」が神聖な力を得て、その子の存在が保《ほ》障《しょう》されて「ある」ことです。

「存在」という言葉は「現実にそこにある」という意味ですが、もともとの意味は神聖な場所で清められて、あるということなのです。

古代文字
王
士
仕
在
「仕事」「仕入れ」「仕送り」「仕立て」「仕分け」など、行為(こうい)を意味する言葉にも「仕」を使うが、これは日本独特の用法のようだ

# 父

## 斧《おの》の刃《は》を持つ人のことです

音 フ・ホ　訓 ちち

2年生

昔は家の中で父親は権威《けんい》があって、威張《いば》っていました。みなさんの家はどうですか？　古代中国では、その父親の権威のシンボルはどんなものだったのでしょうか。それが、この回のテーマの一つです。

まず「父」の古代文字を見てください。これは「丨」と「又《また》」で出来た文字です。「又」は何度も説明していますが「手」の形です。そして「丨」は斧《おの》の刃《は》の部分です。つまり「父」は斧の刃の部分を手で持つ形です。

「王」は大きな鉞《まさかり》の刃の形。「士」は小さな鉞の刃の形。いずれも実用品ではなく、権威のシンボルとしてありました。この「父」が手に持つ斧も、木を伐《き》るための実用的な道具ではなく、父としての指揮権《しきけん》のシンボルとしてある斧の刃です。

家で指揮する人ということから「父」の意味となりました。その父が手に持つ「斧」という文字は、まさに「父」が「斤《おの》」を持つという文字構成《こうせい》になっています。

これまで何回か「王」や「士」の字形をふくむ「鉞」に関係した文字を紹介《しょうかい》してきましたが、その「鉞」の字についても、ここで説明しておきましょう。

「鉞」はその旁《つくり》の部分である「戉《えつ》」という字がもともとの文字です。これは「まさかり」の形そのままをかいた文字です。この「戉《まさかり》」の関連文字をいくつか挙げておきたいと思います。

その一つは「越《えつ》」です。これは「走」と「戉」を合わせた字ですね。

「走」は「行くこと」です。困難《こんなん》な場所を越《こ》えていく時に「戉」の霊的《れいてき》な力を身につけて出発したのです。この「戉」の霊的な力を身につけて行くことを「越」と言います。

また「威《い》」という字は「女」に「戉」を加えた形です。

「王」(王様)、「士」(戦士)、「父」(父親)は金属製の鉞や斧によって、それぞれの地位や身分を象徴(しょうちょう)的に表した文字。金属がいかに貴重だったか分かる
父
古代文字
戉
越
威

その「女」は廟《みたまや》の中で家の先《せん》祖《ぞ》の祭りをしている女性《じょせい》です。この女性に「戉」の霊的な力を加えて、清めるのです。

そうやって威儀《いぎ》を正して「おごそか」な姿《すがた》になるのが「威」のもともとの意味です。

「威圧《いあつ》」は力で相手をおそれさせて押《お》さえつけることです。でも、このような「威」の「おそれさせる」「おどす」の意味は後の用法のようです。

# 結

## 神への祈《いの》りの言葉を入れた器を結んで守ることです

音 ケツ　訓 むすぶ・ゆう・ゆわえる

4年生

白川静さんの漢字学の最大の功績《こうせき》は「口」の字形が顔の「くち」ではなく、神様への祈りの言葉である祝詞《のりと》を入れる器「サイ」であることを発見して、「口」の字形がふくまれている漢字を新しく体系《たいけい》づけたことです。

このように「口《サイ》」は神様への祈りの祝詞を入れる器のことですから、漢字には、この大切な「口《サイ》」を守ろうとする文字がたくさんあります。

まず「吉《きち》」から紹介《しょうかい》しましょう。上の「士」は戦士階級の者が自分たちの地位の象徴《しょうちょう》として持つ小さな鉞《まさかり》の刃《は》の部分です。この鉞の刃には悪いものを清める力があると考えられていました。その鉞の刃を大切な「口《サイ》」の上に置いて神への祈りの効果《こうか》を守るのが「吉」です。それで祈りが実現《じつげん》すれば「幸せ」となるので「よい」の意味となりました。

「結」は「吉」をさらに「糸」でしっかり結び守る文字です。「口《サイ》」の上に「士」を置くので、「吉」には閉《と》じこめる意味があり、結ぶことも元の意味はそこにある力を閉じこめることでした。

次に「詰《きつ》」です。「口《サイ》」の上に「士」を置くので、旁《つくり》の「吉」には「詰《つ》めこむ」の意味があります。偏《へん》の「言」は「口《サイ》」の上に大きな針《はり》である「辛《しん》」を置いて神に誓《ちか》い、誓いを守らない場合は、この針で入れ墨《ずみ》の刑罰《けいばつ》を受けますと神に誓いを立てることです。その誓いと祈りで、よい結果が出るように責《せ》め求めるので「つめる、とう」の意味があります。

最後は「頡《けつ》」です。これは学校で学ぶ漢字ではないので、理解《りかい》するだけで十分ですが、漢字と縁《えん》のある文字なので紹介しておきましょう。

中国伝説上の帝王《ていおう》・黄帝の家臣で倉頡《そうけつ》という人がいます。目が四つあったという倉頡が、鳥や獣《けもの》の爪《つめ》や蹄《ひづめ》のあとを見て初めて文字を作ったといわれています。

古代文字
吉
古代の日本でも松の枝や草の端(はし)を結びつける呪(まじな)いがあった。魂(たましい)を結びつける意味で、生命の安全・多幸を祈る気持ちの表現だった
結
詰
頡

その「倉頡」の名にもある「頡」の説明です。「頁《けつ》」は儀式《ぎしき》に厳《おごそ》かに参加する人の横顔です。ものが詰まった意味の「吉」には「力のこもった状態《じょうたい》」の意味があり、「頡」はうなじをのばし、頸《くび》を立てた人のことです。つまり「頡」とは力をこめ、うなじをのばして簡単《かんたん》には人に頭を屈《くっ》しない人のことです。

# 固

## 干《たて》や囲いで、神への祈《いの》りの言葉を入れた器を守ることです

音 コ　訓 かためる・かたまる・かたい・もとより

4年生

前回も述《の》べましたが、白川静さんの偉大《いだい》な業績《ぎょうせき》の一つが、「口」の字形が、顔の「くち」ではなく、神様への祈《いの》りの言葉である祝詞《のりと》を入れる器「口《サイ》」であることを発見したことです。

その神への祈りを入れる器「サイ」の意味の「口」の文字をふくむ漢字は、非常《ひじょう》にたくさんあります。そして、この器「口《サイ》」というものを守る文字もたくさんあります。それだけ「口《サイ》」が大切なものだったということです。そのいくつかを「結」の回でも紹介《しょうかい》しました。

さらにここでも、その「口《サイ》」を守る漢字を紹介しましょう。

まず「古」です。これは「十」と「口《サイ》」を合わせた文字です。

この「十」は数字の「十」ではなくて、長方形の盾《たて》である「干《かん》」という文字の省略形《しょうりゃく》です。ちなみに「盾」という字は「干《たて》」を目の上にかざして、防《ふせ》ぎ守る字形です。そういう成り立ちを知って「盾」の字を見てみると、目の上に「干」かざしている姿《すがた》に見えてくるかもしれません。

このように「干」はもともと盾で「ふせぐ」の意味のほかに、「干渉《かんしょう》」などの「おかす・みだす」の意味もあります。また「乾燥《かんそう》」の「乾」と同音なので「ほす」の意味にもなりました。

さて、この盾である「干」を祝詞を入れる器「口《サイ》」の上に置いて「口」を守る字が「古」です。守ることで祈りの効果《こうか》が長く保《たも》たれるので「ふるい」「いにしえ」の意味となりました。

次は「固」です。これは「古」を「口《い》」の中に入れた文字です。「口」は「口《サイ》」ではなく、周囲の「かこい」です。神への祈りの言葉を入れる器「口《サイ》」に「干」（盾）を加えて守るのが「古」ですが、さらにそれを「口」の中に入れて囲うのが「固」です。

「固」は祈りの効果《こうか》を守り固めるので「かためる・かたい」の意味となり、祈りの効果が固定されるので「固有」などの熟語《じゅくご》にある「もとより」の意味となったのです。

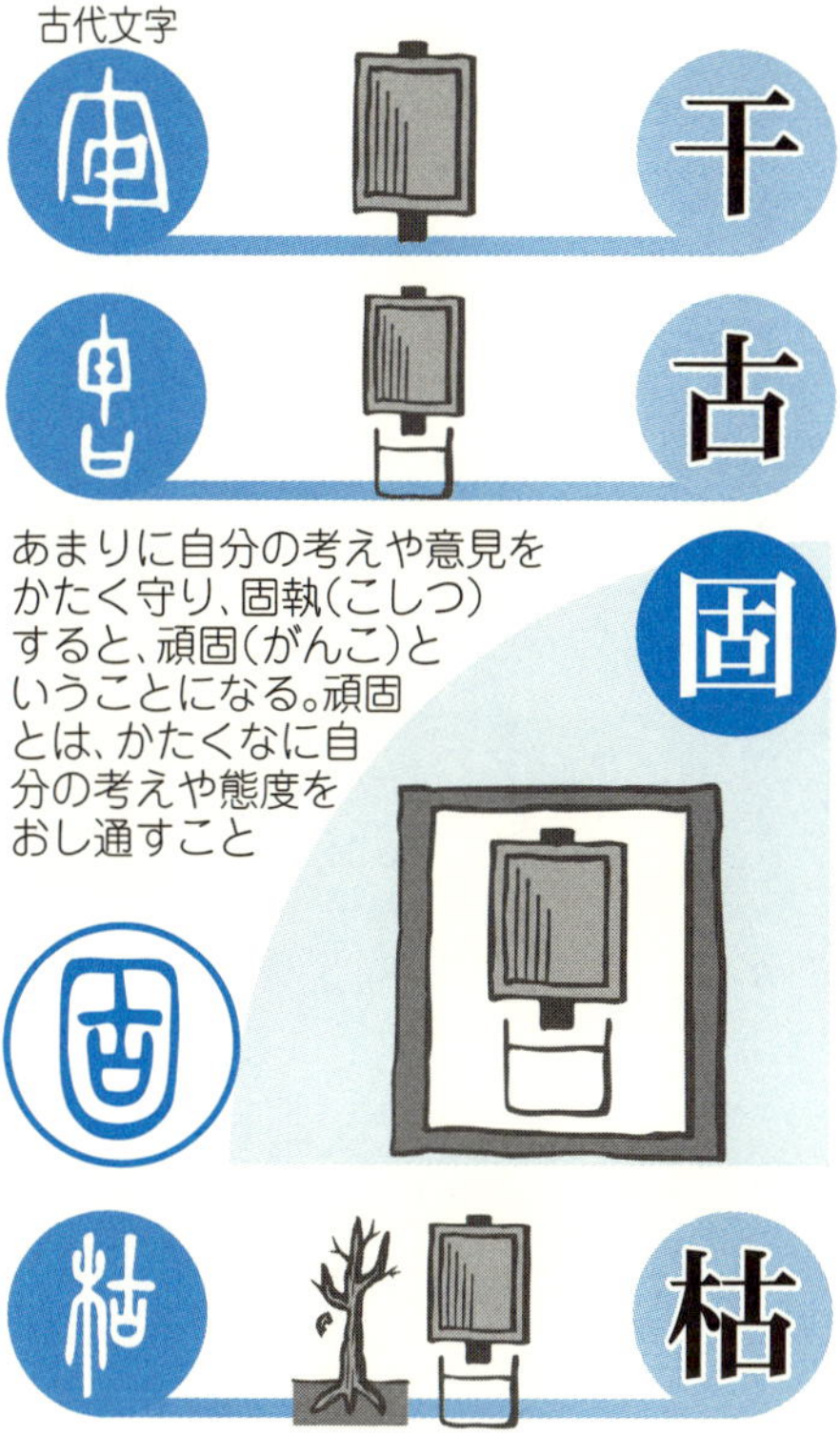
古代文字
干
古
固
枯
あまりに自分の考えや意見をかたく守り、固執（こしつ）すると、頑固（がんこ）ということになる。頑固とは、かたくなに自分の考えや態度をおし通すこと

しかし、あまりに堅固《けんご》に守られすぎてしまうと、古くなってしまい、精気《せいき》のないものになってしまいます。それを反映《はんえい》した文字が「枯《こ》」です。

この字形は神への祈りの祝詞を入れた器「口《サイ》」の上に「干」（盾）を置いて守り、祈りの効果を長く保《たも》たせることですが、あまりに古いものなので、木が精気を失って、「かれて、かわいて」しまうのです。

# 故

## 神への言葉を入れた器を打ち、祈《いの》りの効果《こうか》を害することです

音 コ　訓 ゆえ・ことさら・もと

**5年生**

大切な神への祈《いの》りの言葉である祝詞《のりと》を入れる器「口《サイ》」に「十」(盾《たて》の省略形《しょうりゃく》)をのせて守る文字が「古」です。「古」をさらに厳重《げんじゅう》な囲い「口《い》」の中に閉《と》じこめ、かたく守るのが「固」です。そのことを「固」の回に紹介《しょうかい》しました。

そして、この「古」や「固」を字形の中にふくむ文字も、漢字にはたくさんあるのです、そのいくつかを紹介しましょう。

大切な「口《サイ》」をあまりに守りすぎると、「木」が、かれてしまうという字が「枯《こ》」でした。これと同様の考え方で出来たのが「涸《こ》」という字です。

「涸」の「固」も「あまりに固めすぎて古くなり、精気《せいき》を失った状態《じょうたい》」のことです。それに「氵《さんずい》」を加えた「涸」は水がかれる意味です。「枯」と「涸」は小学校で学ぶ文字ではありませんが、でも「枯」は木がかれる、「涸」は水がかれると覚えれば、忘れないでしょう。

「一個《いっこ》」「個人」などの「個」も「固」の字形をふくんでいますね。「固」は守られて固定したもの、固定した一定のものの意味があります。

それに「人」を加えた「個」は相手がいない片方《かたほう》だけのもの、単一のものという意味の漢字です。ただし、この「個」は比較《ひかく》的新しい字のようで古代文字形がありません。

最後にもう一つ「古」の関係文字を紹介しましょう。それは「故《こ》」です。これは「古」に「攵《ぼく》」を加えた文字です。

「攵」の元の字形は「攴」で、その「卜」の部分は木の枝《えだ》です。下の「又《また》」の部分は、何度か説明していますが、手の形です。つまり「攵（攴）」は手に木の枝を持って、何かを打つ文字です。

大切な祝詞《のりと》を入れる器「口《サイ》」を守る「古」を、この「攵（攴）」で打つ字が「故」です。祈りの効果《こうか》を守る「古」を打つ行為《こうい》ですから、故意に祈りの効果を害しているわけです。

古代文字
古
涸
個
古代文字なし
故
「故」には字形の中にふくまれる「古」（ふるい）の意味もある。「故旧」は古くからの知り合いのこと。「故宮」は昔の宮殿（きゅうでん）のこと

そこから「ことさら」の意味になり、祈りを害することはよくない出来事ですから、「事故」などの言葉にも使われるようになりました。

そしてまた、その行為を正当化するための理由として、「ゆえ」の意味にも使われるようになったのです。

# 五

## 木の蓋《ふた》で神への祈《いの》りの言葉を入れた器を守ることです

音 ゴ　訓 いつつ・いつ

1年生

この回も、神様に祈《いの》る言葉である祝詞《のりと》を入れる器「口《サイ》」を守る漢字についての紹介《しょうかい》です。古代中国では神に祈るお祭りが大変重要なものでしたので、神への祈りの祝詞を入れる器「口《サイ》」をしっかり守る言葉がたくさんあるのですが、その最後の説明として、数字の「五」に関係した一連の文字について、紹介したいと思います。

小さな鉞《まさかり》である「士」を「サイ」の上にのせて守っているのが「吉《きち》」という字ですし、身を守る「干《たて》」の省略形《しょうりゃく》「十」を加えて守るのが「古」であることを紹介してきました。

この「サイ」を守るものはほかにもあって、数字の「五」の字形もその一つなのです。「吾《ご》」という文字を見てください。これは「五」を「口《サイ》」の上にのせたものですね。「五」は古代文字が分かりやすいですが、木を斜《なな》めに交差させた蓋《ふた》の形です。この交差した木の蓋である「五」を「口《サイ》」の上にのせて「口《サイ》」を守るのが、「吾」です。

ですから「吾」のもともとの意味は「まもる」ことでした。それが文字の音だけを借りて、別な意味を表す仮借《かしゃ》という漢字の用法で「われ」の意味になりました。「五」を数字の「五つ」の意味に使うのも仮借です。

「語」は「言」に「吾」を加えた字です。まず「言」から紹介しますと、この「言」は古代文字を見ると分かりますが、「辛《しん》」と「口」を合わせた形です。「辛」は入れ墨《ずみ》用の針《はり》のことです。「口」は神への祈りの言葉を入れる「サイ」です。その「サイ」の上に「辛」を置いて神に誓《ちか》う文字が「言」です。自分の誓いの言葉が信ずるにあたらない場合は入れ墨の刑《けい》に服しますから、祈りをかなえるように、強く神に迫《せま》る攻撃《こうげき》的な言葉が「言」です。

この「言」に、守る意味のある「吾」を加えたのが「語」です。意味は「かたる」ことです。

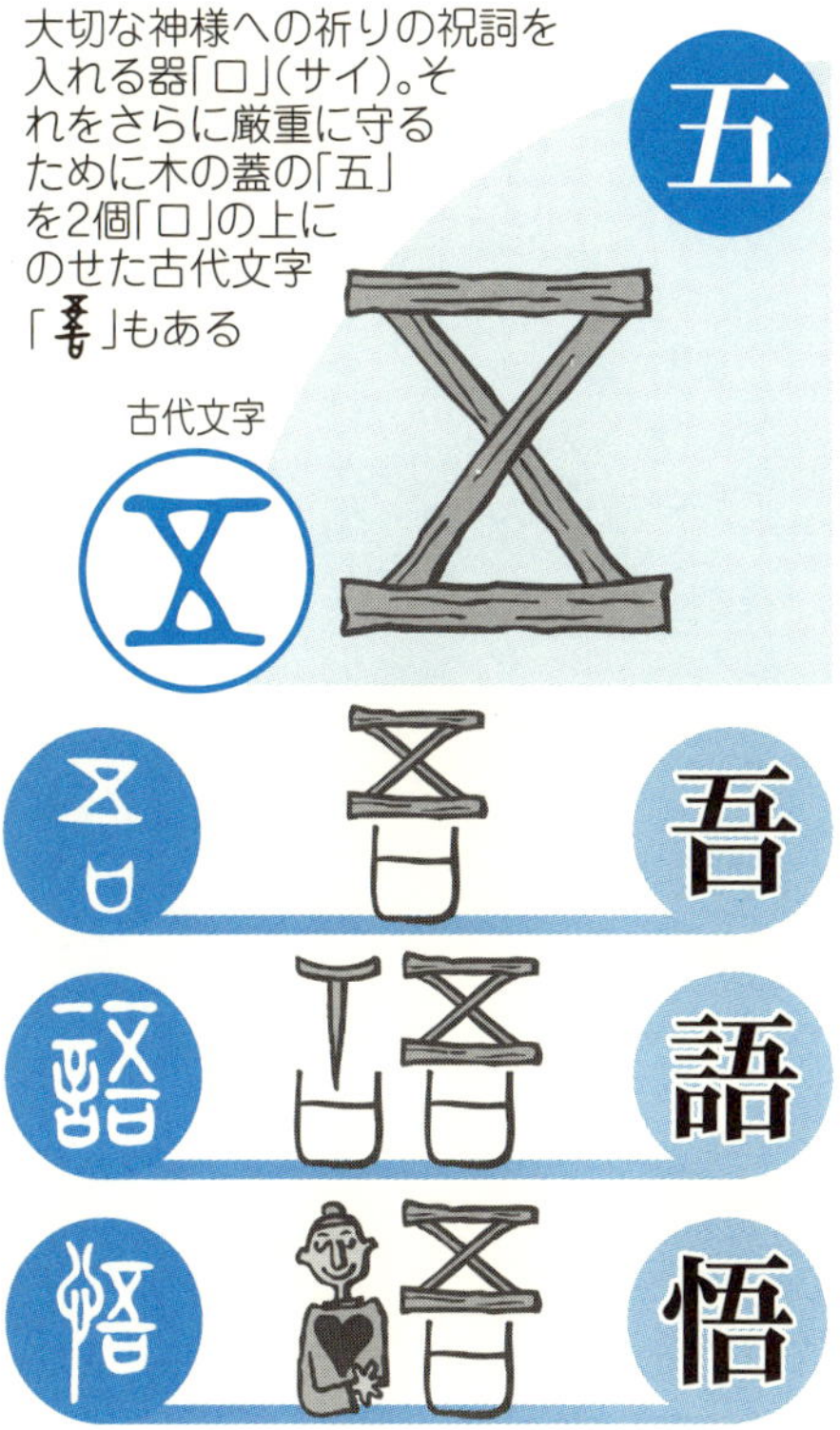
大切な神様への祈りの祝詞を入れる器「口」(サイ)。それをさらに厳重に守るために木の蓋の「五」を2個「口」の上にのせた古代文字「 」もある
五
古代文字
吾
語
悟

白川静さんの研究によりますと、「言」が攻撃的な言葉であるのに対して、反対にこの「語」には自分を守る防御《ぼうぎょ》的な言葉のはたらきがあるそうです。

「悟《ご》」にも「吾」がふくまれていますね。この「悟」は「心」と「吾」を合わせた字です。「心」の何を「吾」で守るのか。これは「心」の爽《さわ》やかさや明るさを「吾」で守る字で、そこから「さとる」の意味となりました。

# 陸

## テントを並《なら》べて神様を迎《むか》える土地のことです

音 リク・ロク　訓 おか・くが

4年生

「五」は神様への祈《いの》りの言葉である祝詞《のりと》を入れる器「口《サイ》」を守るための木の蓋《ふた》の形です。でも、その「五」の音だけを借りる仮借《かしゃ》という用法で、数字の「五つ」の意味となったことを「五」の回で説明しました。

せっかくですから数を表す文字をまとめて紹介《しょうかい》しましょう。

まず「一」「二」「三」は説明も要らないでしょう。数を数える時に使う算木を横に置いた形を表しています。でも「一」「二」「三」は文字を変更《へんこう》しやすいので、変更しにくい「壱《いち》」「弐《に》」「参」を代わりに使うことが昔から行われました。

例えば「二」の代わりに使う「弐」ですが、この「弐」の旧字《きゅうじ》「貳」は「戈《ほこ》」と「二」と「貝」を合わせた字です。漢字の「貝」の形は、貨幣《かへい》代わりにも使われた貴重《きちょう》な子安貝などの「貝」を表す場合と、祭りに使う青銅器《せいどうき》の器「鼎《かなえ》」の省略《しょうりゃく》形の場合と二通りあります。「貳」の「貝」は青銅器の器「鼎」の省略形のほうの意味です。

その「鼎」に刻《きざ》まれた文章を「戈」で削《けず》り変えてしまうことを意味する字が「貳」です。また「貳」には「戈」で「鼎」に刻《こく》し、その文章のコピーを作る意味もあります。字形内の「二」はコピーを作る意味で、そこから「ふたたび」「ふたつ」の意味があるのです。

原文を改変する意味の「弍（貳）」が、改変を防《ふせ》ぐ字に使われているのは面白いですね。

「四」は甲骨《こうこつ》文字では今の字形とは異なって、「一」「二」「三」と同じように、横に四本の算木を置いた字形でした。でも算木の線の数が紛《まぎ》らわしい場合もあるので、「呬《し》」という字の音だけ借りて、その省略形である「四」で表すようになりました。

「六」は古代文字のほうが分かりやすいですが、これは小さなテントのような形の建物です。でも「六」をテントの意味に使う用法はなく、これも仮借の用法で「六つ」を示《しめ》します。

　「六」がテント形の建物であることを示す字が「陸」です。旁《つくり》の「坴《りく》」はこのテント形の建物を二つ重ねた形です。「阝《こざとへん》」は神様が天から降《お》りてくる階段《かいだん》の形です。神が降りてくる所にテント形の建物を並《なら》べて神を迎《むか》える土地のことです。そこから「りく」の意味になりました。

古代文字
旧字
貳
弍
四
六
陸
後漢の有名な字書「説文解字」では「陸」は「高平の地なり」とあり、神を迎える土地は高く平らだった。そこから「おか」や「くが」(陸地)の意味に

# 分

## 刀でものを二つに分けることです

音 ブン・フン・ブ　訓 わける・わかれる・わかる・わかつ

2年生

「五」の回と「陸」の回で、漢数字について紹介《しょうかい》してきました。それらの回では「一」から「六」までの数字について説明しましたが、この回は、その後の漢数字はどのような成り立ちで出来ている文字なのかということを紹介したいと思います。

まず「七」からです。この「七」は切断《せつだん》した骨《ほね》の形です。その「七」に「刀」を加えた文字が「切」です。「切」とは骨の関節部分を切り離《はな》して分解《ぶんかい》することです。骨を切断する際《さい》には細心の注意と技術《ぎじゅつ》を必要とするので「切要」（非常《ひじょう》にたいせつなさま）の意味も「切」にあります。

つまり「七」を数の「七つ」の意味に使うのは漢字の音だけを借りた用法です。そして「七」の古代文字が「十」に似《に》ているのを覚えてください。

「八」は左右にものを分けて数える数え方をそのまま字形で示《しめ》したものです。この左右に分ける意味の「八」をふくむ文字に「分」があります。この「分」は「八」と「刀」を合わせた文字。「八」は左右にものが分かれる形ですから、「刀」でものを二つに分けることを「分」というのです。

「九」は次回まとめて紹介したいと思いますので、「十」について説明しましょう。

数を数えるときに、算木を横に一本置くと「一」のことですが、算木を縦《たて》に一本「丨」と書くと「十」

の意味でした。古代文字では「｜」の中央部が膨《ふく》らんだ形をしていて、この膨らんだ部分が左右横に伸《の》びていって「十」という字形になったのです。縦に「｜」と書くと「十」を示すことは、今も「二十」を「廿」と書くことや「三十」を「卅」と書くことに残っています。

さて古代文字の「七」が「十」によく似ているので、昔から中国人にとっても、この「七」と「十」は非常に紛《まぎ》らわしかったようです。

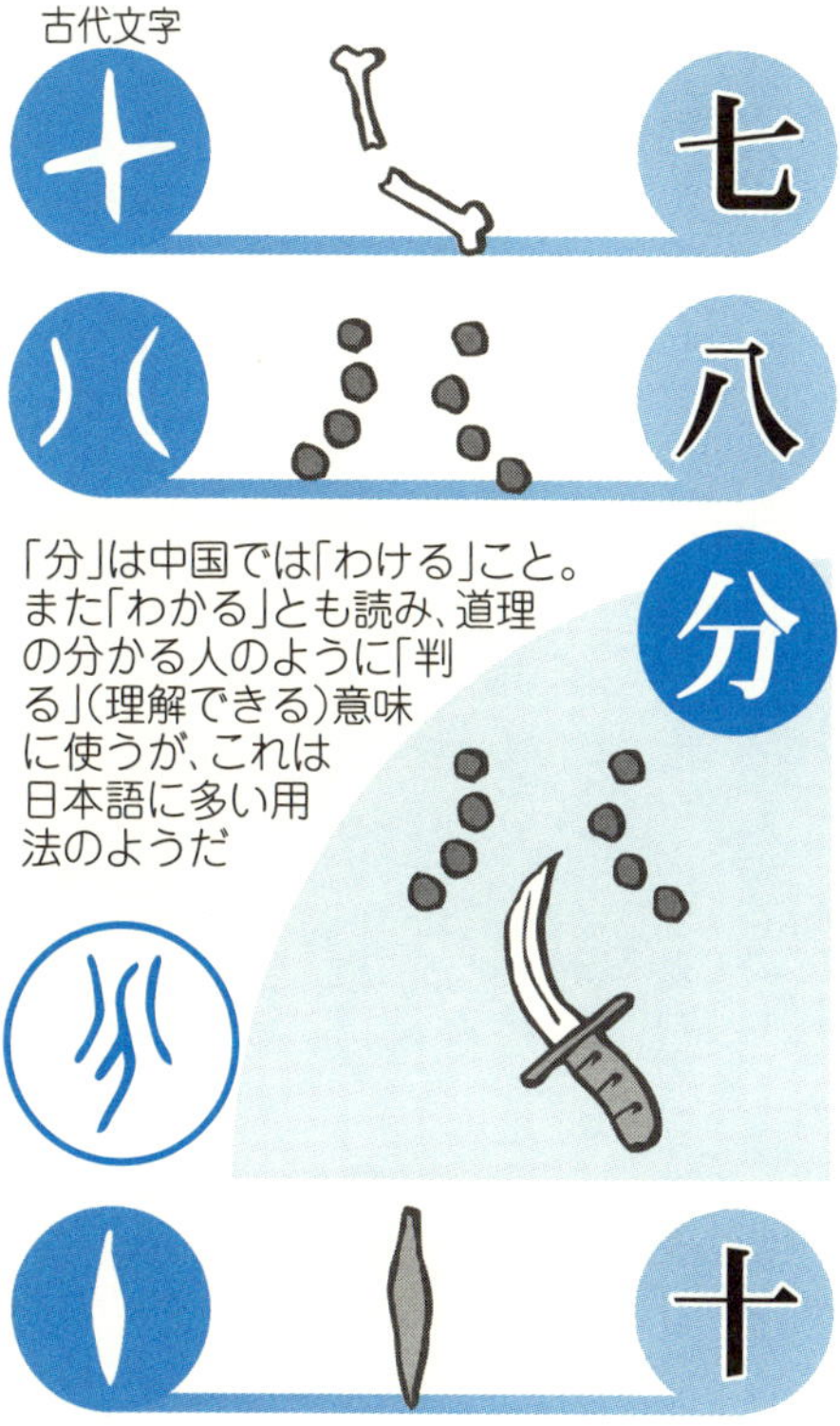

古代文字
七
八
分
「分」は中国では「わける」こと。また「わかる」とも読み、道理の分かる人のように「判る」（理解できる）意味に使うが、これは日本語に多い用法のようだ
十


中国最古の詩集『詩経《しきょう》』に十月の日食を歌った詩あるのですが、周の時代には、これに相当する日食がなく、どのことなのか長く分からなかったのです。

ところが近年になって英国の学者が、この「十月」は「七月」の間違《まちが》いではないかと指摘《してき》して、二千年以上分からなかった謎《なぞ》が解《と》けたそうです。そんな事実を白川静さんが『文字講話《もじこうわ》』の中で紹介しています。

# 九

## 身を折り曲げた竜《りゅう》のことです

音 キュウ・ク　訓 ここのつ・ここの

1年生

漢数字に関する紹介《しょうかい》の最後は「九」をめぐる漢字です。この「九」は身を折り曲げた竜《りゅう》の形です。竜の姿《すがた》と思ってから、古代文字や現在《げんざい》の「九」の字を見てください。中国の祭りや長崎《ながさき》の「おくんち」での竜踊《じゃおど》りのように見えてきませんか。

「九」の関連文字を一つ紹介すると「研究」の「究」がそうです。「究」は「穴《あな》」と「九」を合わせた文字です。「九」は身を折り曲げた竜の形で、「究」は「穴」の中に竜のように身を折り曲げて、窮屈《きゅうくつ》な形で入り込《こ》み、すみずみまで「きわめつくす」意味です。

さて竜には、この「九」に従《したが》う字形のものと、「虫」という字に従うものがあります。「九」の古代文字を見ると、これは頭部分が分かれた形をした竜です。これは雌《めす》の竜の形なのだそうです。これに対して「虫」の字形のほうは雄《おす》の「竜」の形です。

ただし「虫」という字はもともとは昆虫《こんちゅう》の虫のことではありません。蛇《へび》や竜など爬《は》虫類《ちゅうるい》的な動物のことです。昆虫などの小さい虫を示《しめ》す虫は「蟲《ちゅう》」が正字です。「虫」と「蟲」はもともとは別な字でしたが、今は「蟲」の略字《りゃくじ》として「虫」を使っているのです。

中国古代の伝説上の帝王《ていおう》に堯《ぎょう》・舜《しゅん》・禹《う》という王がいます。その堯・舜の時代に大洪水《こうずい》が起き、禹の父の鯀《こん》が治水のために起用されましたが、失敗してしまいました。息子の禹がその後を継ぎ、十三年間かけて治水に成功し、舜から国を譲《ゆず》られて開いた王朝が夏です。

その夏王朝は、甲骨《こうこつ》文字を作りだした殷《いん》の前の王朝です。その夏の始祖《しそ》が禹なのですが、この「禹」の古代文字を見てください。

これは「九」の古代文字と「虫」の古代文字を合わせた文字になっています。「竜」は雨と水をつかさどる想像《そうぞう》上の動物です。洪水の神でもあります。その雌雄《しゆう》の「竜」を合わせた字が「禹」であることから、洪水を治めて、治水に成功した神話をそのまま文字にしたのが「禹」という字であることが分かります。

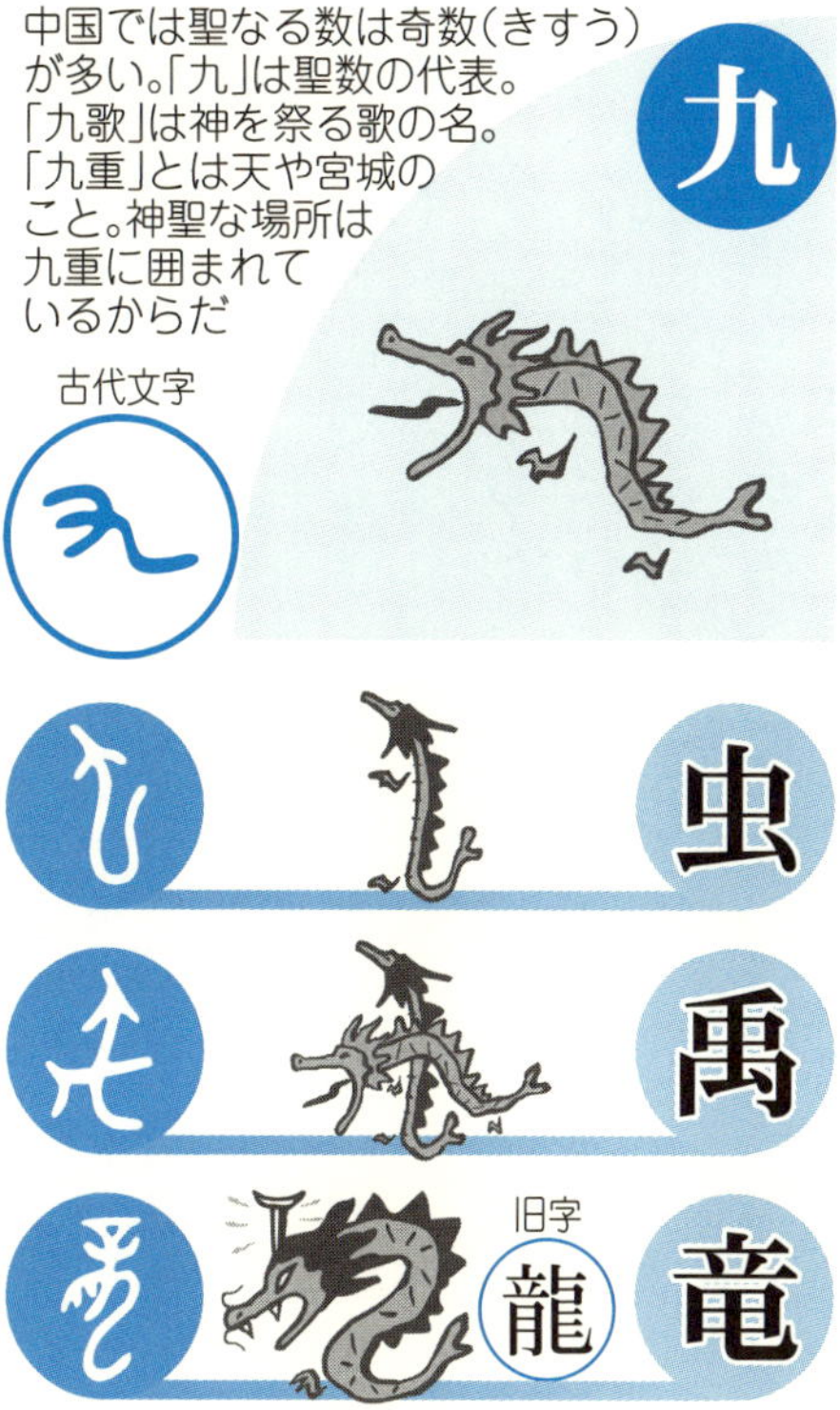
中国では聖なる数は奇数（きすう）が多い。「九」は聖数の代表。「九歌」は神を祭る歌の名。「九重」とは天や宮城のこと。神聖な場所は九重に囲まれているからだ
九
古代文字
虫
禹
竜
旧字
龍

「竜」は中国の代表的な霊獣《れいじゅう》（聖《せい》なる動物）ですが、その「竜」の古代文字を見てみると、頭に「辛《しん》」（針《はり》）の字形の冠飾《かんむりかざ》りをつけていますね。

これは雨水、洪水をつかさどる竜神《りゅうじん》のシンボルとして頭に飾りがついているのです。

# 共

## お供《そな》えものを持って左右の手をあげることです

音 キョウ　訓 とも・つつしむ・そなえる・ともに

4年生

二人以上の人がいっしょに仕事をすることを「共同」と言います。また二人以上の人で所有することを「共有」と言います。今回は、この「共同」「共有」の「共」という字について紹介《しょうかい》したいと思います。

まず「共」の古代文字を見てください。これは「又《また》」という文字が左右対称《たいしょう》形に二つかかれた字形です。何回か説明していますが、この「又」は「手」の形ですから、「共」という漢字は左右の手を合わせた姿《すがた》を文字にしたものです。

つまり「共」は両手に神へのお供えものを持って、恭《うやうや》しく神を拝《おが》むことを示《しめ》している文字です。

このように「共」は左右の手をともにあげる姿なので「ともに」の意味があるのです。

また神にお供えものを捧《ささ》げることですから、「共」に「人」を加えた「供《きょう》」に「そなえる」の意味があります。酒食のもてなしをすることを「供応《きょうおう》」と言いますし、物品を差し出して相手の用にあてることを「提供《ていきょう》」と言います。

でも身分の高い人に付き従《したが》うお供の意味での「とも」や名詞《めいし》の下につけて複数《ふくすう》であることを表す「ども」は日本語だけの用法です。

さらに両手を共にそろえて神に供える時の「心」は「うやうやしい心」なので「共」に「心」を

加えた「恭《きょう》」は「恭《うやうや》しい」の意味となりました。

ついでに紹介しておきたいのは「拱《きょう》」という字です。これは学校で学ぶ漢字ではないので、理解《りかい》するだけでいいです。でもこれまでの延長《えんちょう》線上にすぐ理解できる文字です。

「拱手《きょうしゅ》」という言葉があるのですが、この「拱手」とは、体の前で両手を組み合わせて、胸元《むなもと》で上下する中国の敬礼《けいれい》の一つです。手の位置は男子の場合は右手が内側、左手が外側が原則《げんそく》です。女子の場合はその逆《ぎゃく》です。

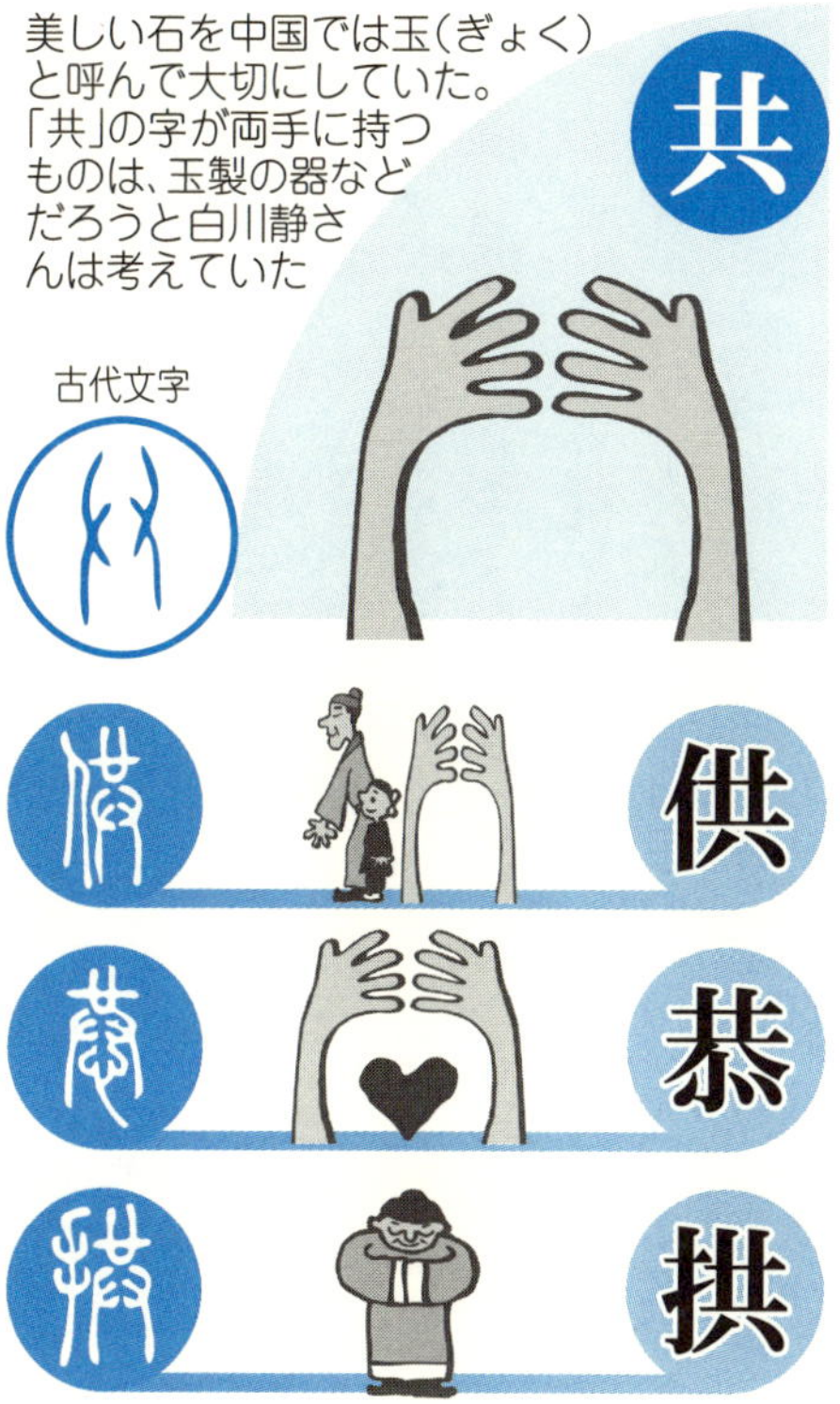
美しい石を中国では玉(ぎょく)と呼んで大切にしていた。「共」の字が両手に持つものは、玉製の器などだろうと白川静さんは考えていた
共
古代文字
供
恭
拱

ただし喪中《もちゅう》の時は、男女ともに逆にするのだそうです。

また「拱手」には「両手」を組んで何もせずにいることも意味します。

「共」の字は儀式《ぎしき》の際《さい》に両手で供える時の心やしぐさのことも意味していましたが、次第に「ともに」の意味に転用されていったので、「恭」や「拱」の文字が作られたようです。

# 通

## 空洞《くうどう》の空間を滞《とどこお》りなく通り抜《ぬ》けることです

音 ツウ・ツ　訓 とおる・とおす・かよう

**2年生**

一つの字形を理解《りかい》すると一目瞭然《りょうぜん》、なるほど！と分かる文字群《ぐん》を紹介《しょうかい》しましょう。

それは「甬《よう》」という字形です。これは「用」と「マ」という字形を合わせた形ですね。

「用」は木や竹を組んだ形で、この場合、柵《さく》のことを示《しめ》しています。そして、その柵の中にはお祭りの際《さい》に使用する生けにえの動物などを入れて、養っていました。それを生けにえとして用いるので「もちいる」の意味があるのです。

でもこれから取り上げる「甬」の場合の「用」は、木や竹を組んで作った筒形《つつがた》のもののことです。この「甬」では「用」の上部に引っかける部分がついています。それが「マ」の字形の部分です。

さて、この「甬」の字形をふくむ字には「筒形のもの」という意味があります。そのことの意味が頭にあれば、一目でパッと理解できるものばかりです。その「甬」に関係した文字を何種類か紹介したいと思います。

まずこの「甬」という字は「おけ」という意味で、この「甬」に「木」を加えた「桶《とう》」という字の元の字です。「桶」は木製《もくせい》の筒形のものという意味ですから、これはつまり「手桶《ておけ》」のことです。

「桶」の音読みには「トウ」「ヨウ」「ツウ」の三つがあります。

「トウ」については「湯桶《ゆとう》」という変則《へんそく》的な読み方で有名です。これは上の文字を訓で下の文字を音で読んでいます。逆《ぎゃく》の上音下訓の例としては「重箱《じゅうばこ》」が有名です。

「桶」の元の字形「甬」は「用」に従《したが》う文字ですから、「ヨウ」の音読みもあるのです。でも「通」の字にも「甬」がふくまれているように「ツウ」の音読みもあるのです。

さて、最後にその「通」です。これは「甬」と「辶《しんにゅう》」で出来た文字です。「甬」は手桶のような筒形のもの。「辶」は道を行くことです。手桶のような筒形の容器《ようき》の中は空洞《くうどう》になっていて、その空洞の中を通って、滞《とどこお》ることなく通り抜《ぬ》けることができます。そのことを「通」というのです。そのため「通」は「とおる」「とおす」「ゆきわたる」などの意味があります。

「通達」は上の機関が下の機関に告げ知らせる意味などに使われますが、もともとはすみずみまで滞りなく行き渡《わた》るという意味です。その道に深く通じていることの意味もあります。

古代文字
用
甬
桶
通
「通」に最初から最後まで滞りなく通り抜けるという意味がある。「通年」「通史」「通読」などの「通」には、そのような意味がふくまれている

# 痛

## 激痛《げきつう》が体の中を駆《か》け抜《ぬ》けていくことです

音 ツウ　訓 いたい・いたむ・いためる・きびしい

6年生

「甬《よう》」という字は「手桶《ておけ》」の元の字で、この字形をふくむ字は、みな筒形《つつがた》のものという意味があることを「通」の回で紹介《しょうかい》しました。今回も筒形の「甬」の字の紹介です。

まずちょっと変わった筒形の文字を紹介しましょう。それは「痛《つう》」です。これは「疒《やまいだれ》」と「甬」を合わせた文字。「疒」は病気でふせっていることです。そして「甬」は筒形のものです。つまり、この場合の筒形のものとは、病床《びょうしょう》に寝《ね》ている人間の体のことです。

病人の体の中を激痛《げきつう》が駆《か》け抜《ぬ》けて通っていくのです。この痛《いた》みの様子を表しているのが「痛」という文字なのです。左のイラストをよく見てください。きっと激痛が筒形の人間の体の中を通り抜けていく姿《すがた》が忘《わす》れられなくなると思います。

前の回で説明した「通」という字にも筒形の空洞《くうどう》空間を滞《とどこお》りなく通り抜けて「あまねくゆきわたる」という意味がありました。「通行」という言葉は通り過《す》ぎる意味のほかに、「世間にあまねく流《る》布《ふ》している」という意味もあるのです。

そして、この「痛」にも体の中を激痛が通り抜けていくので「はなはだしい」「徹底《てってい》的に」という意味があります。「痛飲」「痛快《つうかい》」「痛恨《つうこん》」などの用例が、そのような意味での「痛」です。

一九七四年、中国の秦《しん》の始皇帝《しこうてい》の墓《はか》近くにあった大きな土坑《どこう》から、等身大の兵士八千体、軍馬五百頭などの陶製《とうせい》の人形が発見されました。後に「兵馬俑《へいばよう》」と呼《よ》ばれる人形ですが、この「俑」にも「甬」の字形がふくまれています。「俑」は「甬」と「人」を合わせた字ですから、筒形の人形のことです。「俑」の訓読みは「ひとがた」です。

この「俑」は墓の中に入れる土人形です。主君が亡《な》くなると、死の旅のお供《とも》のために、人を生きたまま墓に埋《う》める殉葬《じゅんそう》という風習がありましたが、その殉葬にかえて、「俑」が埋められるようになったのです。

古代文字
甬
痛
わが身が痛むほど、ふびんであることを「痛ましい」と言うが、「痛」を「いたましい」「かわいそうなさま」の意味で使うのは日本語の用法
俑
蛹

また「蛹《よう》」も「甬」の字形をふくむ文字です。もう説明が不要かもしれませんが、筒形になった「虫」ですから「さなぎ」のことです。昆虫《こんちゅう》の幼虫《ようちゅう》が成虫になる途中《とちゅう》の「さなぎ」のことは理科の勉強でも学びますが、どういう漢字だったか、忘れてしまった時に、この文字のイラストのことを思い出せば、きっと書けるはずです。

# 勇

## 何かが一気にわき出るように事をなす力のことです

**4年生**

音 ユウ・ヨウ　訓 いさむ・いさましい

「甬《よう》」は「手桶《ておけ》」の元の字で、「桶」の形状《けいじょう》から筒形《つつがた》のものを表す意味があります。「甬」をふくみ、筒形のものの意味を持っている文字を続けて紹介《しょうかい》してきましたが、そのシリーズの最後です。

今回、紹介したい漢字は、縦《たて》になった筒形の空間を下から上に何かが上がってくる漢字、またはその空間を上下に動く漢字のことです。これも説明を読んで、その漢字の成り立ちを知れば、一目瞭然《りょうぜん》、なるほどと驚《おどろ》く文字ばかりです。

まずは「踊《よう》」という字から説明しましょう。「甬」は筒形の空間です。それに加えられた「足」は「跳《と》び上がる」ことです。後漢の許慎《きょしん》が書いた有名な字書『説文解字《せつもんかいじ》』には「跳ぶなり」とあります。足を跳《は》ねることを「踊」と言います。

感情《かんじょう》や場面を表すためのしぐさ、ダンスの意味の「おどる」「おどり」は日本語の用法です。また「踊」の別の字形である異体字《いたいじ》に「踴《よう》」があります。

「甬」に「氵《さんずい》」を加えた「涌《よう》」という字があります。この「涌」は筒形の空間を通って、水が下から上に上がってくることです。下から水が地上に「おどりでる」ことで「わく」意味です。この「涌」の異体字には「湧《よう》」があります。

「踊」の異体字が「踴」、「涌」の異体字が「湧」ですが、これらの異体字に共通する「勇」も「甬」

の関連字です。
現在《げんざい》の字形は「マ」「田」「力」を合わせた字形ですが、旧字《きゅうじ》は「マ」「用」「力」を合わせた字形、つまり「甬」の下に「力」を加えたのが「勇」です。その証拠《しょうこ》に「勇」の異体字に「勈《ゆう》」という字があります。

この「甬」に加えた「力」は農具の鋤《すき》のことです。その鋤である「力」を使って農地を耕《たがや》すには力が必要で、自分の内側にためた力を一気に外に出さなくてはなりません。このように内にためたものが、外にわき出すようにおどり出て、一気に事をなそうとする力のことを「勇」と言います。「勇」の字は「内に力が充満《じゅうまん》して、それが一気に外に出てくること」という理解《りかい》が大切です。例えば「勇退《ゆうたい》」も単に辞職《じしょく》することではなく、「思い切りよく職をひくこと」です。

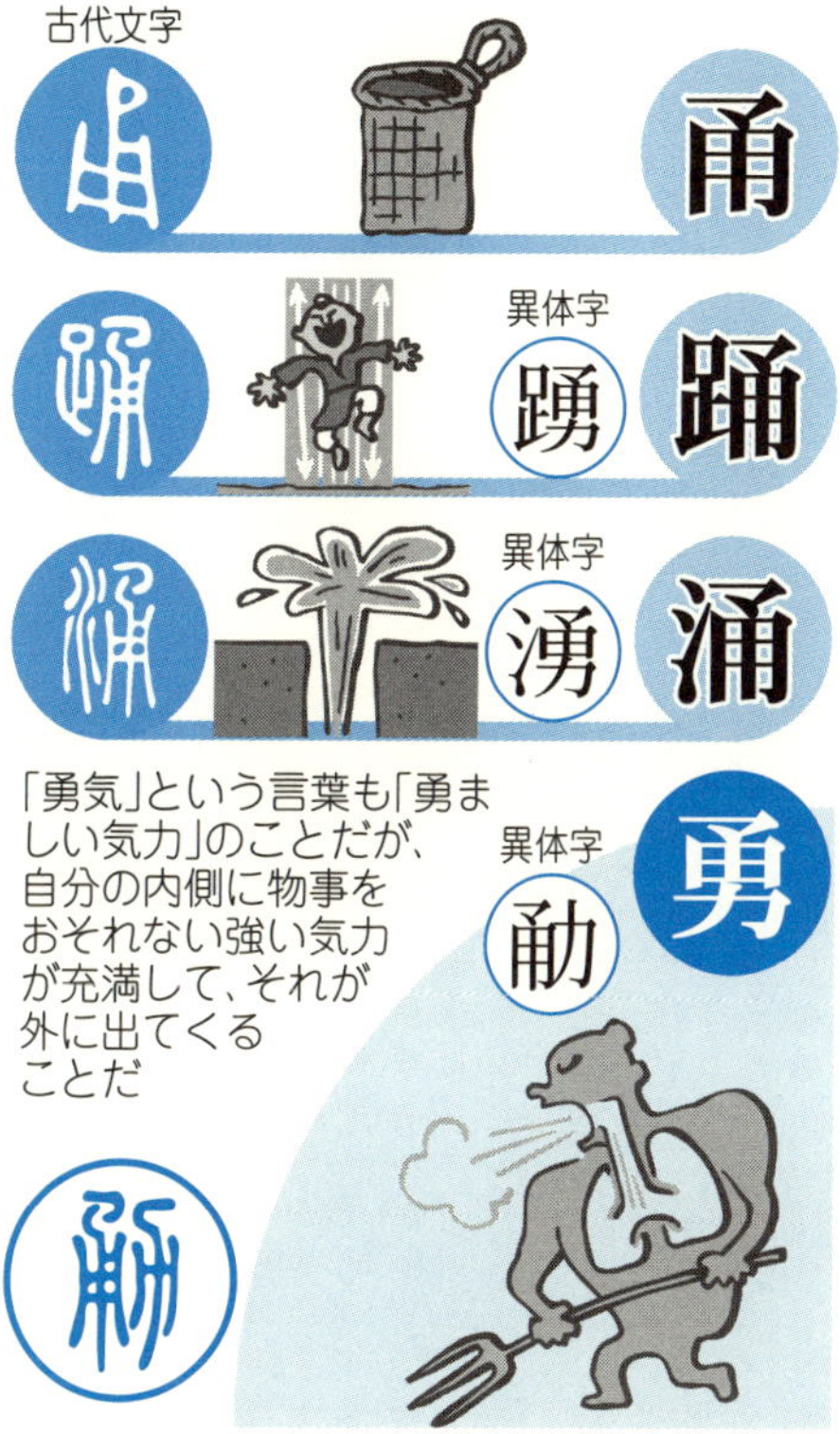

古代文字
甬
踊
異体字
踴
涌
異体字
湧
勇
異体字
勈
「勇気」という言葉も「勇ましい気力」のことだが、自分の内側に物事をおそれない強い気力が充満して、それが外に出てくることだ

# 酒

## 酒樽《さかだる》の形に水の字形を加えた文字です

音 シュ　訓 さけ・さか

3年生

漢字を生んだ古代中国の殷《いん》の国では、神様への祈《いの》りや祭りの際《さい》には、清めのためにお酒がたくさん使われていました。だから漢字にはお酒に関係した字が多くあります。

その酒関係の文字の基本《きほん》は「酉《ゆう》」です。この「酉」は酒を入れる酒樽《さかだる》の形を、そのまま文字にした象形文字です。「酉」の古代文字を見ると、そのことがよく理解《りかい》できると思います。ですから「酉」の意味はまず「さけ」です。十二支《し》の「とり」の意味にも用います。

その「酉」に「氵《さんずい》」を加えた文字が「酒」ですが、古代中国では「酉」の字を「酒」の意味に使っていますので、「酉」が「酒」の元の字です。

その「酉」の上に「八」を加えた文字が「酋《しゅう》」です。「八」の字形は漢字に多くふくまれているのですが、この「八」には二つの意味があります。一つは「分」という文字を紹介《しょうかい》する回でも説明したように「左右にものが分かれる形」を表している「八」です。

もう一つの「八」は「何かの気が上方に立ち上っているさま」です。「酋」の場合の「八」は後者の意味で、酒樽である「酉」の上に酒の香《かお》りが立ち上っている姿《すがた》です。

ですから「酋」は「ふるざけ」が元の意味です。「酋長」などの言葉に使うことも多い文字ですが、この異民族《いみんぞく》の「かしら」の意味の「酋」は、漢字の音だけを借りて別の意味を表す仮借《かしゃ》という用法のようです。

殷では酒を神様関係の儀式《ぎしき》の際に使うことが多かったので、新しい酒が出来ると「犬」を生けにえに加えて、新酒を神に勧《すす》めて、神様の意思をはかりました。

その行為《こうい》を表している字が「猷《ゆう》」です。「酋」と「犬」を合わせた形で、神前に新しく出来た香り立つ酒（酋）を生けにえの「犬」とともに捧げている字です。そうやって神に新酒を勧め、神の意思をうかがい、はかるので「はかりごと」の意味となりました。

古代文字
酉
酒
殷王朝では祭りに多くの酒を使った。そのため酒のせいで王朝がほろんだとされている。だが殷をたおした周の意見なので、少し割り引いて考えなくてはいけない
酋
猷
猶の旧字
猶


また「猶《ゆう》」の「犭《けものへん》」は「犬」のことなので、「猶」と「猷」は文字の要素《ようそ》が同じですね。ですから、もともとは「猶」と「猷」は同じ文字でした。

でも現在《げんざい》では「なお」という意味の時には「猶」のほうの文字を使い、「はかりごと」の意味の場合に「猷」のほうの文字を使うようになりました。

# 尊

6年生

## 香《かお》り立った酒樽《さかだる》を両手で捧《ささ》げ持つことです

音 ソン　訓 たっとい・とうとい・たっとぶ・とうとぶ・さかだる

「酉《ゆう》」の字は、酒を入れる酒樽《さかだる》の形をかいた象形文字です。それが分かって、「酉」の文字を見てみれば、何となく酒樽に見えてくるかもしれません。この「酉」が酒に関する文字の基本《きほん》ですから、そのことをしっかり覚えておいてください。

「酒」という文字を紹介《しょうかい》する回でも説明しましたが、この「酉」に「八」を加えた「酋《しゅう》」は、その酒樽から酒の香《かお》りが立っている字です。今回は、その「酋」をふくむ漢字を紹介《しょうかい》しましょう。

この「酋」の形をふくむ字で最もポピュラーなものは「尊《そん》」という文字でしょう。「尊」の元の字は「酋」に「寸《すん》」を加えた形です。「寸」は手を意味する文字ですので、「尊」は香り立った酒樽を手で持つ文字です。

でも古代文字の「尊」を見てみると、一つの「手」で持っているわけではありません。両手で「酋」を持っている字形をしています。

この両手で持つ字形は現在《げんざい》の文字の形でいうと「廾《きょう》」です。本来の「尊」の字は「酋」と「廾」を合わせた字形で、香り立つ酒樽を両方の手で捧げ持ち、神様の前に酒樽を置く形です。

公爵《こうしゃく》、侯爵《こうしゃく》、伯爵《はくしゃく》、子爵、男爵という五段階《だんかい》に諸侯《しょこう》の身分を分ける爵位というものがあります。

この「爵」というのも、もともとはお酒を入れる酒器の名前でした。「爵」のイラスト欄《らん》にあるのが、その青銅《せいどう》器《き》製《せい》の「爵」です。

この「尊爵《そんしゃく》」という酒器を王からいただくことで、爵位が決まったので、「尊」の字に「たっとぶ」「とうとい」の意味があるのです。

この「尊」をふくむ字に「樽《そん》」があります。これは見ての通り木製の「たる」のことです。でも「罇《そん》」という字もあります。「缶《かん》」は現在《げんざい》の金属製《きんぞくせい》のものではなくて「甕《かめ》」のことです。つまり「罇」は酒を入れる甕の「たる」のことです。

宴会(えんかい)を尊俎(そんそ。樽俎とも)という。「俎」の「且」は、まな板の形。「⺅⺅」は「肉」から「冂」を除いた形で、「且」の上の「肉」。尊俎とは酒と肉のことだ
尊
旧字
古代文字
爵
樽
古代文字なし
遵

もう一つ「尊」をふくむ文字を紹介しましょう。法令などを「遵守《じゅんしゅ》」する「遵」も「尊」に「辶《しんにゅう》」を加えた文字です。「辶」は道を行くことです。つまり「遵」は酒樽を持って、めぐり行くことです。「酒を供《そな》えて祭りをして、その祭りによって従《したが》わせる」という漢字で、その意味は「したがう」です。

# 層

## いくつも高く重なっている建物のことです

音 ソウ　訓 かさなる

6年生

「酋《しゅう》」という字は「酒」の元の字形である「酉《ゆう》」の上に、酒の香《かお》りが立っている様子の「八」を加えた文字です。このことについて「酒」の回や「尊《そん》」の回で説明してきましたが、この「八」の字形は、酒の香りが立ち上るだけの意味に使われるわけではありません。

蒸気《じょうき》が立ち上る場合もありますし、神様が来ていて神気が立ち上る場合もあります。ここでは蒸気が立ち上っている文字の例をいくつか紹介《しょうかい》したいと思います。

この蒸気が立ち上っている姿《すがた》としての「八」の字形で、一番分かりやすい例は「曾《そう》」（曽）でしょう。この「曾」はコメなどを蒸《む》す際《さい》に使用する「甑《こしき》」の上に蒸気が出ている姿の象形文字です。

この「甑」は現在《げんざい》の文字の形にも表れていますが、もともとは「瓦《かわら》」で出来た円形のものでした。その底には蒸気を通す穴《あな》が開いていて、下から蒸気が立ち上ってきて蒸すのです。木わくの底にすのこをしいて蒸す、今の蒸籠《せいろう》の原形です。

「甑」の元の字が「曾」（曽）です。重ねて蒸気を通して蒸す道具ですから、この「曾」をふくむ文字には「重ねたもの」の意味があります。

「層《そう》」という字にも「曾」（曽）がふくまれています。これはいくつものものが重なり「層」をなしていることです。「層」のもともとの意味は家が重なりをなしている建物のこと。高層ビルとは単に高いビルという意味ではなくて、層がいくつも高く重なっているビルのことです。

さらに「増《ぞう》」にも「曾」（曽）がふくまれていますね。これは「土」と「曾」（曽）を合わせた字形で、土を積み重ねることから「ふえる」「ます」の意味になったのです。

さらに「贈呈《ぞうてい》」「寄贈《きぞう》」の「贈」も同じ系統《けいとう》の文字です。この「贈」の「曾」（曽）も「重なったもの」の意味で、余分《よぶん》に贈《おく》ることです。

古代文字
曾
「地層」とは土砂や岩石などの積み重なりのこと。「層雲」は層をなして重なった雲のこと。「重層」とは幾重(いくえ)にも重なることだ
旧字
層
層
增
増
贈
贈

最後に「曾」に少しだけもどりましょう。この「曾」をふくむ「未曾有《みぞう》」という言葉があります。麻生太郎《あそうたろう》元首相が「みぞゆう」と読み違《ちが》えて話題となりましたし、東日本大震災《だいしんさい》でも「未曾有の大災害《だいさいがい》」というようによく使われました。これは「未だ曾《かつ》て有らざるなり」とのこと。このように「曾」を「かつて」の意味に用いるのは字の音だけを借りた仮借《かしゃ》という用法です。

# 配

## ひざまずいて座《すわ》る人に酒器を割《わ》り当てて配ることです

音 ハイ　訓 くばる・めあわす

3年生

「酒」のことを表す、もともとの文字は「酉《ゆう》」という字です。ですから、この「酉」の形をふくむ漢字は、お酒に関係した文字です。

「分配」「配達」などの言葉に使われる「配」という字にも、この「酉」がふくまれていますね。そうです。この「配」という字も「酒」に関係した文字なのです。

「配」は「酉」と「己《こ》」で出来た文字です。この「己」は古代文字をみると、「己」という文字の形ではなく、実は「卩《せつ》」という字形をしています。そして、この「卩」は、人がひざまずいて座る形です。

イラスト欄《らん》に紹介《しょうかい》してある文字は三千年以上前の甲骨《こうこつ》文字ですが、これを見ると人間がひざまずいている姿《すがた》であることが理解《りかい》できると思います。

「酉」は酒樽《さかだる》や酒を飲む器のことです。ですから、この「配」という字は、酒を入れる器の前にひざまずいて座り、配膳《はいぜん》の席に即《つ》くという意味の文字です。つまり「配」は、ひざまずいて座る人に酒器を割《わ》り当てて配る意味の文字です。

この「配」という字と同じような発想で作られている漢字に「即《そく》」という字があります。「即」の旧字《きゅうじ》「卽」は「皀《きゅう》」と「卩」を合わせた文字です。この「皀」は青銅器製《せいどうきせい》の食器の形です。イラスト欄《らん》に「皀」をかいておきましたので、どんな形の青銅器なのか、見てください。

この「皀」に蓋《ふた》をした文字が「食」という字です。「食」は食器の意味から、食器の中の「食べ物」の意味となり、さらに「食べ物」を「食う」意味となりました。ちなみに漢字が誕生《たんじょう》した古代中国・殷《いん》の時代の食事は一日二回だったそうです。

さて「即」（卽）の「卩」のほうは、ひざまずいて座る人のことですから、この「卽」（即）は食膳の前に人が座ることです。

配
酒器と人を組み合わせることから男性と女性をペアに「めあわす」意味も生まれた。夫婦の一方から見た他方を「配偶者（はいぐうしゃ）」と言う
古代文字
元の字形
皀
𣪘
食
旧字
卽
即


「即席料理」の「即席」の言葉も元は「食事の席に即くこと」の意味でした。

席に即くことから「その場」の意味となり、その場にのぞんですぐにすることから、「すぐさま」「ただちに」の意味になっていったのです。さらに食事の席に即くだけでなく、「即位」など、位に即く意味にも使うようになりました。

# 郷

## 饗宴《きょうえん》の食事に招《まね》かれた二人が向き合い座《すわ》る姿《すがた》のことです

音 キョウ・ゴウ　訓 むかう・さと

6年生

「即《そく》」の旧字《きゅうじ》「卽《そく》」の「皀《きゅう》」は青銅器製《せいどうきせい》の食器です。そのことを前の「配」の回に紹介《しょうかい》しました。他にも日ごろよく使う漢字で、この青銅器製の食器「皀」に関係した文字があります。それらの文字について紹介したいと思います。

エベレストに初めて登頂《とうちょう》したヒラリー卿《きょう》と呼《よ》ばれる登山家がいます。そのヒラリー卿の「卿《けい》」は位の高い人の尊称《そんしょう》です。この「卿」が「皀」と関係した字なのです。

「卿」の元の字は「卯《ぼう》」の間に「皀」が入ったものです。「卩《せつ》」は人がひざまずいて座る形ですが、この「卯」は二人の人が向き合って座る形です。つまり食器「皀」をはさんで二人が向き合っている字が「卿」です。

もてなしの宴会《えんかい》である「饗宴」の席に座り、食事をしている字が「卿」で、そのような宴会の食事が食べられる身分の高い者が「卿」なのです。

この「卿」から分かれて出来た字が「郷《きょう》」と「饗《きょう》」です。「卿」「郷」「饗」の古代文字を見てください。同形の文字ですね。この三字はもともとは同じ字でした。

つまり「郷《ごう》」も食器「皀」をはさんで、向き合った二人が饗宴の食事をしている形なのです。この「郷」は「卿」が所有する領地《りょうち》のことです。その領地の代表者が政治《せいじ》参加するようになって、饗宴の食事に招かれるようになったのでしょう。

　この「郷」の旧字形をイラスト欄《らん》にかいておきました、この「郷」の旧字の「皀」以外の偏《へん》と旁《つくり》の部分はいずれも「邑《ゆう》」の字です。「卿」の所有する領地が「郷」なので、領地である意味をこめて「皀」の両側に「邑《むら》」を加えた「郷」が作られたのです。

　この「郷」は食器「皀」をはさんで向き合う人たちのことなので、「郷」をふくむ字には「向き合う」意味があります。「郷」に「食」を加えた字が「饗」ですが、紹介したように古代文字は「卿」「郷」と同形で、向き合ってもてなしの「饗宴」の食事をしている人たちのことです。ですから「さかもり」「もてなす」が「饗」の意味です。

　また「交響曲《こうきょうきょく》」の「響」は向き合って共鳴する音を出すことを表した文字です。そこから「ひびく」の意味となりました。

古代文字
元の字
卿
卿
旧字
郷
郷
「郷」は「皀」をはさんで、向き合う二人が饗宴(きょうえん)の食事をする字なので、「郷」には「むかう」という意味もある
饗
饗
響
響

# 厳

音 ゲン・ゴン　訓 おごそか・きびしい・つつしむ

崖《がけ》の岩場にお酒を灌《そそ》いで清め、神様を招《まね》くことです

お墓《はか》参りの際《さい》に墓石《ぼせき》の上から水をかけたことがありますか？

密教《みっきょう》という仏教《ぶっきょう》では、秘法《ひほう》を教える儀式《ぎしき》で頭に水をかけます。お釈迦《しゃか》様の誕生日《たんじょうび》（四月八日）にお釈迦像《ぞう》の頭上に甘茶《あまちゃ》をかけます。これを灌仏会《かんぶつえ》と言います。

このように頭から水かけることを「灌頂《かんじょう》」と言いますが、この「灌」は「水をそそぐ」意味の漢字です。日常《にちじょう》使う言葉では、田畑に水を引いてうるおす用水のことを灌漑《かんがい》用水と言います。

さて古代中国では頭にではなく大地に、水ではなく酒をそそぐ「灌地《かんち》の礼」という儀式《ぎしき》がありました。酒をそそいで大地を清め、神様を招《まね》くのです。わたしたちが日ごろ使う漢字にも、この「灌地の礼」の名残である文字がありますので紹介《しょうかい》しましょう。

まずは「敢《かん》」です。「敢」の古代文字を見てください。これは神様を招く場所にお酒を灌《そそ》いでいる人の姿《すがた》をそのまま字にしたものです。

このように神を招く場所をお酒で清める儀式は、つつしんで行うので「敢」には「つつしむ」の意味がありますし、そのつつしんで行う行為《こうい》を神を迎《むか》えるために、あえて行うので「あえて」の意味ともなりました。

「厳《げん》」も「灌地」に関係した字です。この「厳」の旧字《きゅうじ》「嚴」は「敢」と「厂《かん》」と二つの「口」です。

6年生

「厂」は切り立った部分を表す文字です。

例えば、「文」の回でも紹介しましたが、「産」「彦《ひこ》」「顔」の各字にも「厂」があります。これらは、いずれも人の顔の切り立ったところの意味で「ひたい」のことです。「嚴」の場合は切り立った崖《がけ》のことを表しています。そういえば「崖」の文字にも「厂」がありますね。

そして「口」は顔にある耳口の「くち」ではなく、神様への祈《いの》りの言葉である祝詞《のりと》を入れる器「口《サイ》」のことです。つまり「嚴」という字は神がいると思われていた崖の上の岩場で酒を灌ぎ、神への祈りの言葉を入れた「口」を並《なら》べて、おごそかに儀式を行っている字で、そこから「おごそか」の意味となりました。

さらにこのような儀式を行う岩場を「巌」（旧字「巖」）と言い、「いわ、いわお」の意味となりました。古くから岩場は聖《せい》地《ち》とされていたのです。

古代文字
敢
厂
厳
旧字
嚴
巌
巖
「厳」（嚴）の古代文字には「口」が３個並べてある字形もある。神への祈りを入れた器「口」の数が多いほうが効果があると思われていたようだ

# 興

## お酒を灌《そそ》いで土地の霊《れい》を興《おこ》すことです

音 コウ・キョウ　訓 おこる・おこす・おこなう・おもむき

5年生

古代の中国人は土地の中に霊的《れいてき》なものが宿っていると考えていました。この霊を地霊と言います。その霊が宿る、その土地に酒を灌ぎ地霊を呼《よ》び起こす儀式《ぎしき》を表している字が「興《こう》」です。その「興」にもふくまれている「同」についてまず説明しましょう。

この「同」は「凡《ぼん》」と「口《サイ》」を合わせた字です。「凡」は「盤《ばん》」のことで、酒を入れて杯《さかずき》として用いました。「口《サイ》」は顔の「くち」ではなく神様への祈《いの》りの言葉である祝詞《のりと》を入れる器です。

古代中国では諸侯《しょこう》が王の前に集まり、拝謁《はいえつ》する際《さい》に酒を飲み、神に祈る「会同」という儀式がありました。その時に使う杯が「同」です。この「同」を使って行う儀式をともにするので「同」に「ともにする」「おなじ」の意味があるのです。

この「同」は筒形《つつがた》の酒器でしたから、「同」をふくむ字には筒形の意味があります。まず「筒形」の「筒」から説明しましょう。これは「同」と「竹」を合わせた形。「竹」は節の部分から切断《せつだん》すれば、筒形の器を簡単《かんたん》に作ることができます。そこから「筒」が「つつ」の意味となりました。

次に「洞《どう》」は筒形の穴《あな》のことで「ほらあな」の意味です。そのような洞穴《どうけつ》は水の流れで出来ることが多いのです。その水の流れによって、あけられた穴のことです。

奥《おく》が深い「洞」には「とおる」「つらぬく」の意味もあります。洞穴は奥深いものですが、その奥深いものを見通す「洞察」という言葉が、その用法です。

　また筒形の「同」に人の体を表す「月」を加えた「胴《どう》」は、人の身体の中央部の意味。さらに中が空洞の物の中央部も意味します。飛行機で「胴体着陸」という言葉がありますが、この「胴体」とは飛行機の空洞の中心部のことです。太鼓《たいこ》、三味線の中心部も「胴」と言います。

　さて「興」の説明です。「興」の上部の「同」の両側にある字形は「学」の旧字《きゅうじ》「學」にもある形で、上から両手で何かを持つ形です。「興」の下は「廾《きょう》」で、これも下から両手で持つ形です。つまり四つの手で「同」を持つのが「興」です。古代文字を見てください。まさに四つの手で「同」を持つ形ですね。

　ですから「興」は四つの手で酒の入った器「同」を持って大地に酒を灌ぐという字です。そうやって地霊を起こすので「おこす」意味になりました。

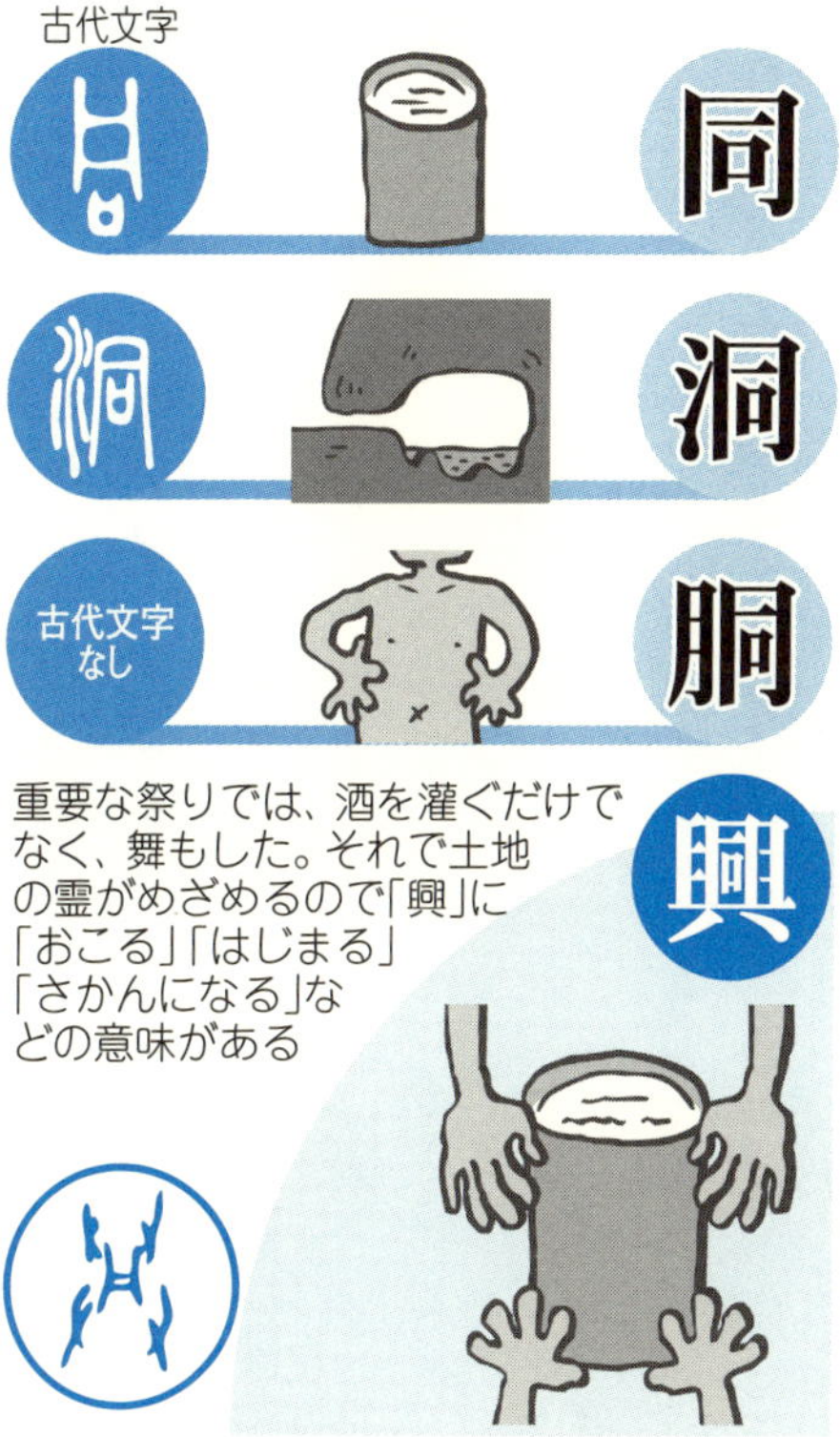

重要な祭りでは、酒を灌ぐだけでなく、舞もした。それで土地の霊がめざめるので「興」に「おこる」「はじまる」「さかんになる」などの意味がある

# 命

## 帽子《ぼうし》を被《かぶ》ってひざまずき、神のお告げを聞く人の姿《すがた》です

音 メイ・ミョウ　訓 いのち・いいつけ・さだめ

3年生

「それは大統領《だいとうりょう》の命令だ」。アメリカなど、大統領制度《せいど》の国では、そんなことがよくあると思います。この言葉の漢字部分をよく見てみますと、「大統領」の「領」にも「命令」の「命」にも「令」がふくまれていますね。今回はこの「令」とは何か、ということを紹介《しょうかい》して、「領」や「命」という文字についても説明したいと思います。

この「令」は儀礼《ぎれい》用の帽子《ぼうし》を被りひざまずいて、神様のお告げを聞いている人の姿《すがた》です。古代中国では男性《だんせい》は人前では頭頂《とうちょう》部を見せないのが礼儀でした。古代文字を見ると深く帽子を被って神様の言葉を待つ人の姿であることがよくわかると思います。

「大統領」の「領」の「令」も儀礼用の帽子を被り、神様のお告げを聞く人の姿です。「頁《けつ》」の部分は儀式に参加している人の厳《おごそ》かな横顔のことです。

「領」は「うなずく」という意味もあるのですが、これは神様のお告げをうなずきながら聞いている人のことで、そこから「くび」「えり」の意味となりました。

この「領」の字をふくむ熟語《じゅくご》に「要領」があります。「要」とは女性の腰骨《こしぼね》のことで、「腰」の元の字形です。「要」（腰）と「領」（首）は人間の体の最も大切な部分ですので、物事の最も大切な点を「要領」と言います。

また衣服で大切な部分が「領」（襟《えり》）と「袖《そで》」なので、そこから人びとを統率《とうそつ》する頭《かしら》のことを「領袖《りょうしゅう》」と言います。

「令」が儀礼用の帽子を被りひざまずいて、黙《だま》って神様の意思を一心に聞く姿のことですので、そこから「無感動」の意味があります。

ですから「令」に「冫《にすい》」を加えた「冷」に「つめたい」の意味が生まれ、そこから「冷淡《れいたん》」「冷笑」の言葉なども出来たのです。

古代文字
令
領
冷
命
人の命(いのち)は天から
与えられるものと
考えられていた。
そこから「命」に
「いのち」の
意味がある


その「令」に神様への祈《いの》りの言葉である祝詞《のりと》を入れる器「口《サイ》」を加えた字が「命」なのです。「命令」とは「命ずる」ことですが、それは神様に祈り、神様のお告げを受けて与《あた》えられるもののこと。つまり「命」とは「神のおおせ」の意味です。「令」が「命」の元の字で古代の文では「大命」（天命のこと）を「大令」と書いていたようです。

# 楽

## 柄《え》のある手鈴《てすず》で神を呼《よ》び、楽しませることです

音 ガク・ラク・ゴウ　訓 たのしい・たのしむ・おんがく・このむ

2年生

「令」という字は、神様の前で深い帽子《ぼうし》を被《かぶ》り、ひざまずいて神のお告げを受ける人の姿《すがた》です。「命」の回で、そのことについて紹介《しょうかい》しましたが、この回もまず「令」に関連した文字の紹介から始めましょう。

最初は「鈴《れい》」です。現在《げんざい》でも呼《よ》び鈴《りん》という言葉がありますが、この「鈴《すず》」は神を呼んだり、神を送ったりする際《さい》の楽器でした。また「鈴」には、その音で悪い霊《れい》を祓《はら》う力があると考えられていて、旗や車、また馬などにつけられました。

「玲《れい》」も音に関係する文字です。この「玲」は「玉」の音のことです。

「伶楽舎《れいがくしゃ》」という雅楽《ががく》の演奏《えんそう》グループがあります。文化功労者で、日本芸術院《げいじゅついん》会員の芝祐靖《しばすけやす》さんを音楽監督《かんとく》にして、国内外で広く活躍《かつやく》している人たちです。

その「伶楽舎」の「伶」にも「令」がふくまれています。「令」に「人」を加えた「伶」は舞楽《ぶがく》で神に仕える楽人のことを表す字です。

また「伶楽舎」の名にもある「楽」は音楽に関係し、鈴にも関係した字です。この「楽」は柄《え》のある手鈴の形です。

「楽」の旧字《きゅうじ》「樂」は二つの「幺《よう》」と「白」と「木」で出来ていますが、このうちの「木」が柄

の部分を表していて、その柄に「幺」(糸)がついています。そして「白」の部分が「鈴」だとも考えられています。でもイラスト欄《らん》に挙げた古代文字の「楽」を見てください。現在《げんざい》の字形の「白」に当たる部分がないですね。肝心《かんじん》の「鈴」の部分を字形にかかないで、「鈴」を意味することは考えにくいです。

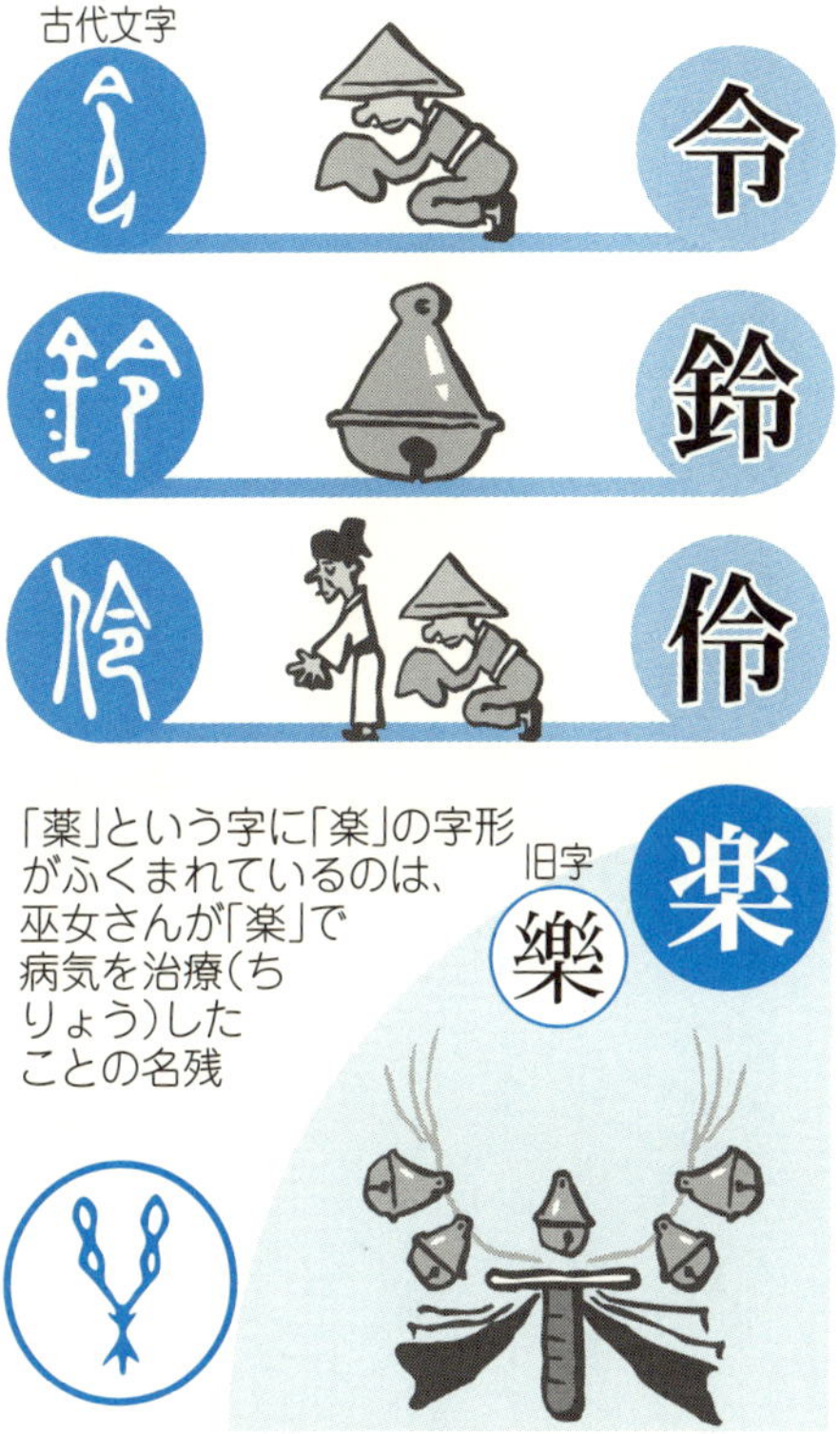
古代文字
令
鈴
伶
楽
旧字
樂
「薬」という字に「楽」の字形がふくまれているのは、巫女さんが「楽」で病気を治療(ちりょう)したことの名残

「伶楽舎」のメンバーで雅楽の楽器・笙《しょう》の世界的演奏者《えんそうしゃ》である宮田まゆみさんは、「楽」(樂)の鈴は「幺」の部分についていて、後に鈴の音を表すために「白」の字形が加えられたのだろうと考えています。宮田さんは白川静さんの文字学にも詳《くわ》しい人で、楽人・伶人でもありますから説得力がありますね。

古代中国の巫女《みこ》さんは、この柄のある手鈴「楽」を鳴らして、神様を呼び、楽しませたのです。またこの「楽」を鳴らして、病気の人の病魔《びょうま》を祓いました。

# 音

## 暗闇《くらやみ》の中、かすかに音を立てる神のお告げのことです

音 オン・イン　訓 おと・ね

1年生

「音楽」の「楽」は柄《え》のある手鈴《てすず》です。舞楽《ぶがく》の際《さい》、巫女《ふじょ》がこれを鳴らして神を楽しませたのが「楽」です。そのことを「楽」の回で紹介《しょうかい》しました。

ならば「音楽」の「音」はどんな字でしょうか。ここではそのことを紹介しましょう。でも「音」の字の前に、まず「言」の説明をしたいと思います。「言」と「音」の古代文字を見てください。非常《ひじょう》によく似《に》ていますね。そのことを知ってから、以下のことを読んでください。

この「言」は神様への祈《いの》りの言葉である祝詞《のりと》を入れる器「口《サイ》」の上に、入れ墨用の針《はり》「辛《しん》」を置いて、もし自分の言葉に偽《いつわ》りがあれば入れ墨の刑《けい》を受けることを神に誓《ちか》い祈《いの》る言葉を意味します。古代文字の「口《サイ》」の上にあるのが、「辛」（針）の部分です。

その祈りに神様が反応《はんのう》して、答えます。神様の答えはどんな形でくるかというと、夜、静かな時間に器「口《サイ》」の中でかすかな音を立てるのです。その神の答えの音が「口」の中にある横線の「一」です。それが「音」という字です。

古代文字のほうがよく分かるかもしれませんが、「言」の「口《サイ》」の部分に「一」を加えた字が「音」なのです。つまり「音」とは神様のお告げのことです。「音」は「おと」の意味だけでなく、人の消息の意味にも用います。「音信」とは手紙などによる「たより」のことです。

さて、この「音」の字形をふくむ文字に「闇《あん》」があります。この「門」の字形は神棚《かみだな》の両開きの扉《とびら》のことです。そこに神様への祈りの祝詞を入れる器「口《サイ》」を置き、さらにその上に誓いの針「辛」を置いて、神様に申し上げることに誤《あやま》りがあるときには、入れ墨の刑罰《けいばつ》を受けますと、神に誓って祈るのです。

すると、夜中に祝詞を入れた器「口《サイ》」がかすかな音をだして、神意が示《しめ》されるのです。そのように夜の暗闇《くらやみ》の中で神様の意思は示されました。それを表す字が「闇」で、その時間は暗いので「やみ」「くらい」の意味となりました。

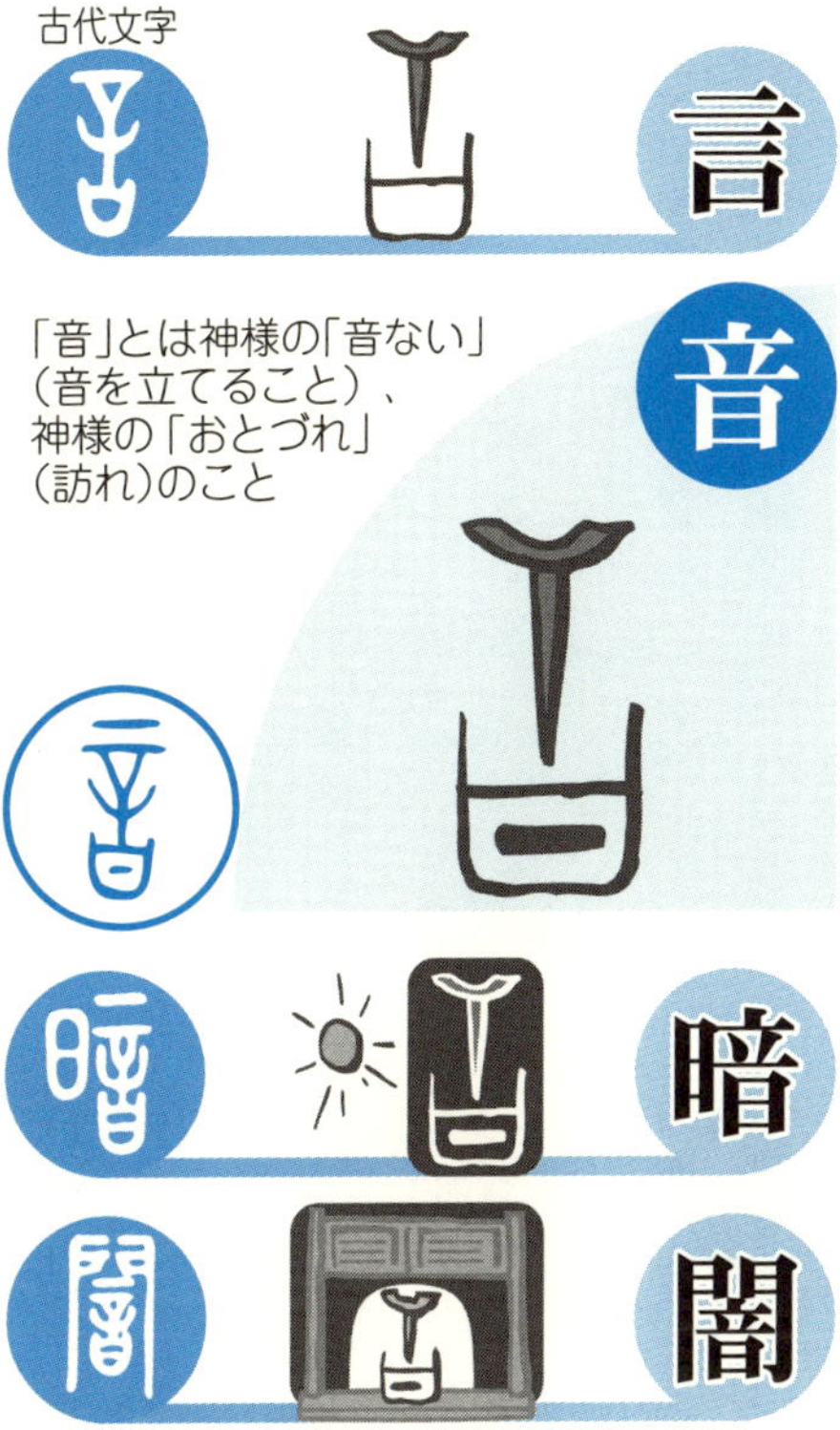
古代文字
言
音
暗
闇
「音」とは神様の「音ない」（音を立てること）、神様の「おとづれ」（訪れ）のこと

「暗」にも「音」の字形がありますが、これはもともとは「闇」と同じ字でした。本来は神の現《あらわ》れる「闇」を表す字が、明暗の対比《たいひ》などを言う字に使われ出して「日」を加えた「暗」の字が出来たのです。

# 意

## 暗闇《くらやみ》の中でのかすかな音から、神の意思をおしはかることです

**3年生**

音 イ　訓 おしはかる・おもう・こころ・ああ

白川静さんの文字学を知って、その字を見ると「なるほどそういう字形だったのか！」と驚《おどろ》くことがしばしばです。「意」という字もそんな代表的なものだと思います。

「意」は「音」と「心」を合わせた字です。そんな目で「意」という文字を見てきませんでした。でもそういう目で見てみると、「意」の意味が深く迫《せま》ってくるのです。

「意」の文字要素《ようそ》のうち、「音」という字の形は前の回にも紹介《しょうかい》したように、神様への祈《いの》りの言葉である祝詞《のりと》を入れる器「口《サイ》」を置いて祈ると、暗闇《くらやみ》の中で神様の訪《おとず》れがあって、かすかな音としての神様の答えが示《しめ》されることです。その「音」が何を意味するのか、その「心」をおしはかるのが「意」で、「おしはかる」が、その意味です。「音」は神の訪れですので、もともとは神様の意思、「神意」を「おしはかる」ことの意味でした。

この「意」をふくむ文字もかなりあります。「意」に、さらに「忄《りっしんべん》」(心)を加えた「憶《おく》」という字もあります。この「憶」は示された神様の意思を心のうちに思いはかり、推測《すいそく》することで、「思う」という意味です。「記憶」「追憶」など経験《けいけん》したことを記憶し、その記憶したことをおもうなどにも使いますが、それは後の用法のようです。

また、おそるおそる推測することを「臆《おく》」といいます。ひかえめで勇気のないことを「臆病」と

言いますが、これは日本独自《どくじ》の用法だそうです。

現在《げんざい》では数の単位名に使う「億」にも「意」がふくまれていますね。やはりこの「億」も、もともとは神の訪れを示す音によって神の意思を推測する意味の字で、神意をおしはかることによって、心が安らぐ意味でした。おしはかる意味の熟語《じゅくご》は「憶測」とも「臆測」とも書きますが、さらに「億測」とも書きました。

意
「意」は憶測する意味から、「心意」の意味となり「こころ」の意味ともなった。さらに「考えて、その意志を定めること」の意味にもなった
古代文字
憶
臆
億
10000


この「億」は、古くから数の単位に使われていますが、古くは「十万」の意味で用いられ、後に「万の万倍」を意味するようになりました。「億兆」とはきわめて多いことです。

「ああ」という感動詞《かんどうし》の「噫《い》」も「意」をふくんだ字です。これは神の訪れに感動する時の言葉です。「噫乎《ああ》」は深く感心してほめる感嘆《かんたん》や嘆《なげ》いてためいきをつく時の言葉です。

# 兆

## 亀《かめ》の甲羅《こうら》を使った占《うらな》いの際《さい》の左右対称《さゆうたいしょう》にできたひびの形です

音 チョウ　訓 きざす・きざし・うらかた

4年生

「意」という文字の成り立ちについて説明した際《さい》に、きわめて多いことを意味する「億兆」という言葉についても紹介《しょうかい》しました。その「億」と「兆」は現在《げんざい》、数字の単位としてよく使われます。でも「億」はもともとは「神様の意思をおしはかる」意味の字でした。それが数の単位に使われていったのです。最初は十万の意味でしたが、後に万の万倍となりました。

その「億」の万倍が「兆」ですが、この「兆」という文字の成り立ちはどのようなものだったでしょうか。そのことの紹介です。

この「兆」は「予兆」や「兆候」などの言葉にも、その感じが残っていますが、もともとは「占《うらな》い」に関係した言葉でした。亀《かめ》の甲羅《こうら》に穴《あな》をほって、熱した甲羅の表面に水をかけると、音を立てて甲羅にひびが入ります。そのひびの形でさまざまなことを占うのですが、そのひびの形を文字にしたのが「卜《ぼく》」です。だから「卜」に「うらなう」の意味があります。

その「卜」の下に神様への祈《いの》りの言葉である祝詞《のりと》を入れる器「口《サイ》」を加えた字が「占《せん》」です。「占い」で知った神の意思は絶対《ぜったい》的なので「占有」の意味ともなりました。

「卜」は亀の甲羅の片側《かたがわ》を焼いたひびの形ですが、「兆」は亀の甲羅の中央を境《さかい》にして左右対称《たいしょう》に焼いたひびの形です。「兆」が左右対称の字形なのはそのためです。

「卜」や「兆」で占う際には、亀の甲羅を焼いて水をかけました。その際に甲羅がはじけて裂《さ》けるので、この「兆」をふくむ字には亀の甲羅がはじけて裂ける時の、はずんだ勢《いきお》いや力のある意味、またふぞろいなひびの形の意味があります。

「跳《ちょう》」は激《はげ》しく躍《おど》り上がるように「とぶ」ことですし、「挑《ちょう》」という字は力をもって他のものに「いどむ」ことです。

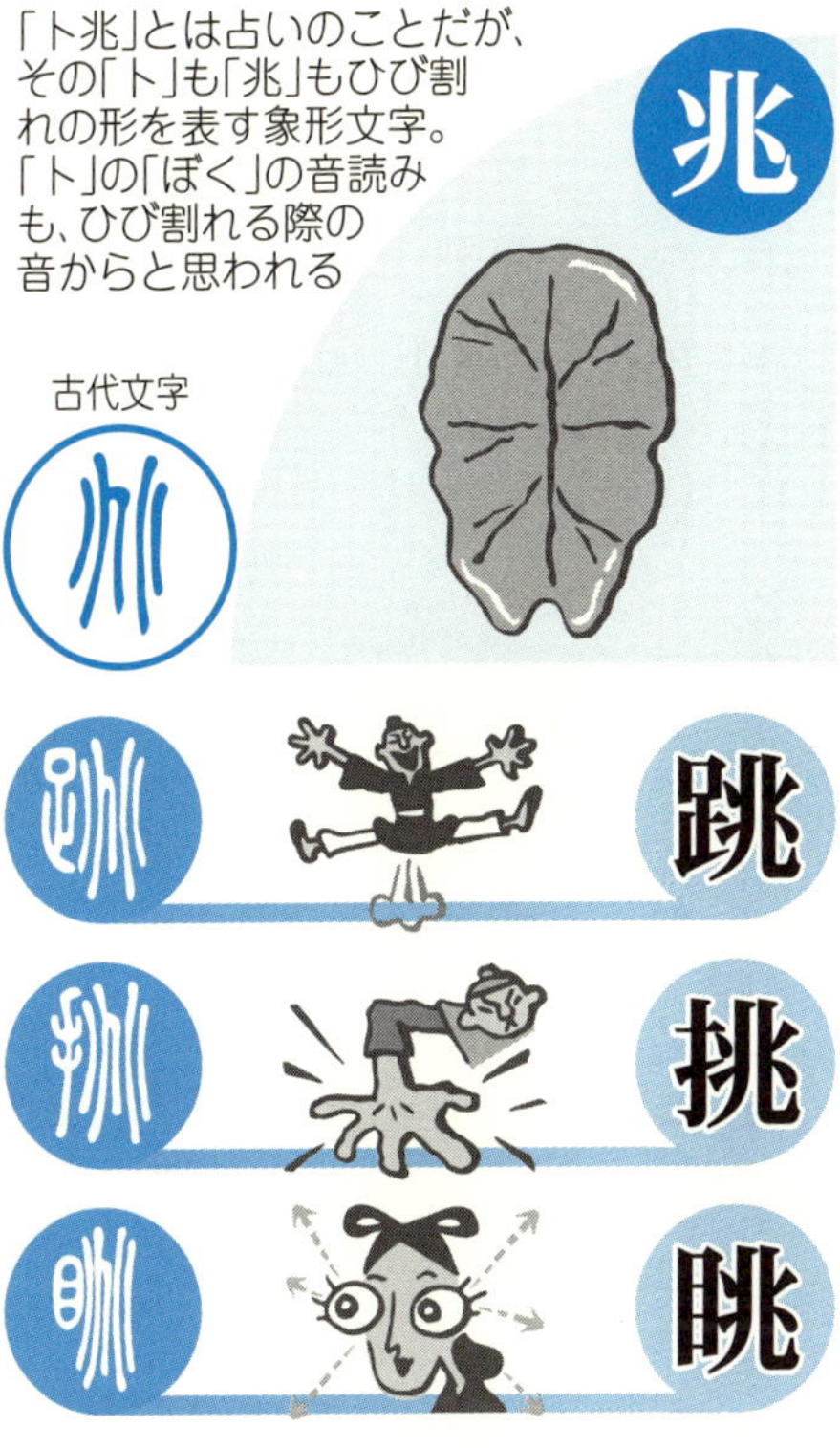
「卜兆」とは占いのことだが、その「卜」も「兆」もひび割れの形を表す象形文字。「卜」の「ぼく」の音読みも、ひび割れる際の音からと思われる
古代文字
兆
跳
挑
眺

「跳躍《ちょうやく》」や「挑戦」という言葉には、内側にたまっていた力が、はじけて外に表れていく意味をいずれもふくんでいます。

また亀を焼いて出来たひびの形は整わないものです。「眺《ちょう》」は「目」が整わず「まばたきをすること」がもともとの意味です。「目」が整わず、あらぬ方を眺《なが》めたりするので「ながめる」となったのです。後に、遠くを眺め望む意味となりました。

# 派

## 水が分かれ流れることです

音 ハ　訓 わかれる・つかわす

6年生

派遣《はけん》社員、派閥解消《はばつかいしょう》、海外派兵など、近年しばしば使われる漢字である「派」について、今回は紹介《しょうかい》しましょう。

この「派」には「氵《さんずい》」がついているので、どうやら「水」に関係する文字であることは何となく分かるかと思います。そこで「派」を説明する前に、まず「水」という文字の成り立ちについて紹介したいと思います。

「水」の古代文字を見てください。真ん中の一本の縦《たて》の流れの左右に小さな点が三つずつ付いています。これは小さな水の流れを表しています。真ん中に大きな流れがあって、左右に小さな流れがあるのが「水」です。

次に「川」の古代文字を見てください。これは三本ともちゃんとした筋《すじ》になっています。この「川」は勢《いきお》いよく流れる大きな川を表しています。両方の古代文字を比《くら》べてもらうと、水の流れの勢いの違《ちが》いが分かってもらえると思います。

そこで「派」の古代文字を見てほしいのです。この「氵」を除《のぞ》いた右側の字形は、水が分流する姿《すがた》を表していて、この字形が「派」の、もともとの字です。

それに「氵」を加えた「派」は「水が分かれ流れること」の意味から「わかれる」意味となり、

さらに「つかわす」などの意味になったのです。

この「派」に関連した文字を一つだけ挙げておきましょう。それは「脈」という字です。「脈」の右側の字形は分流する水の形です。それに体を示《しめ》す「月」（肉づき）を加えて、「血管、血のすじ」のことです。物事のすじ道のことを「脈絡《みゃくらく》」と言いますが、「脈絡」も元は「血管」のことです。

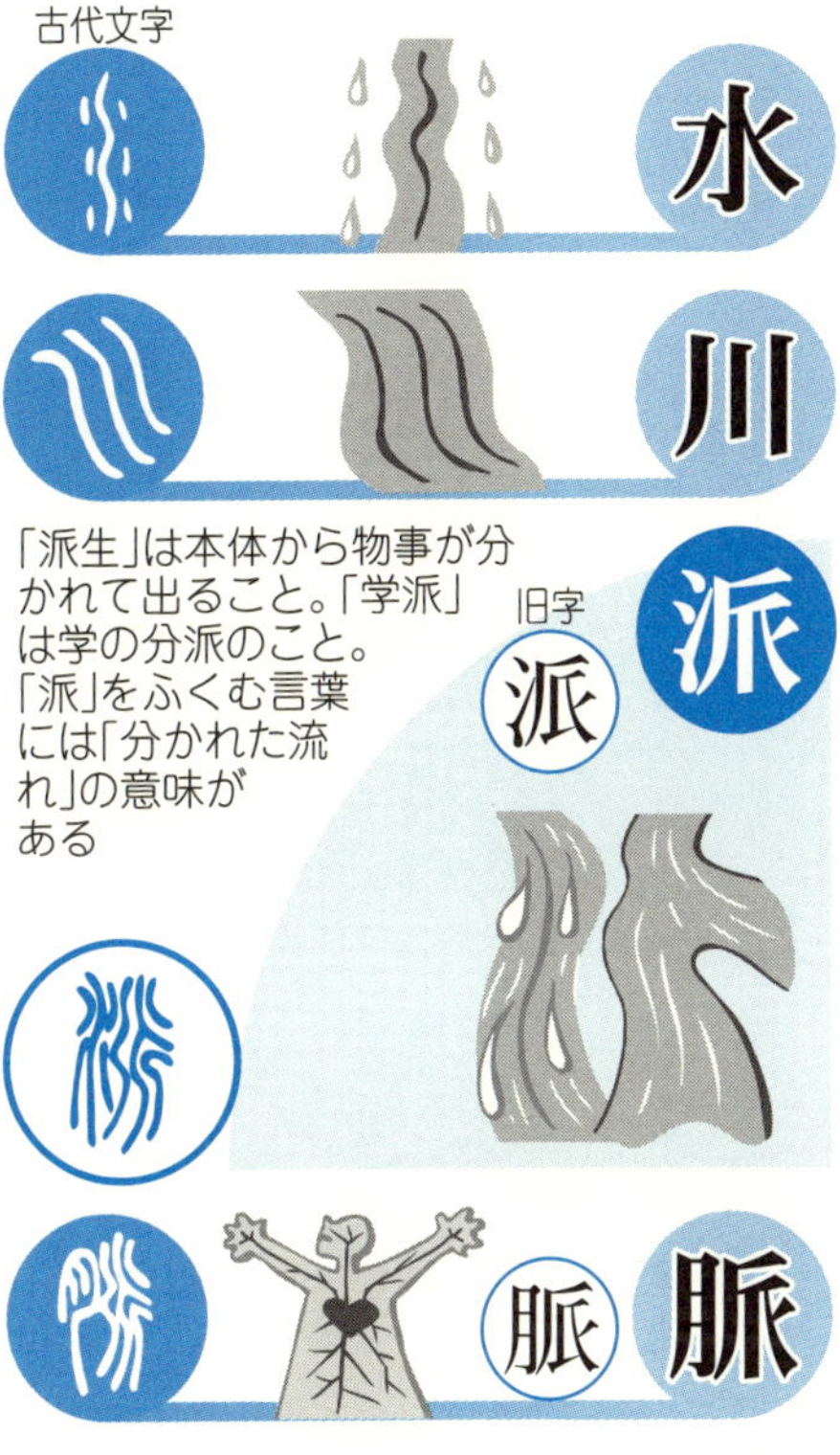
古代文字
水
川
派
旧字
派
「派生」は本体から物事が分かれて出ること。「学派」は学の分派のこと。「派」をふくむ言葉には「分かれた流れ」の意味がある
脈
脈

中国の古代医学は、つぼとつぼを結び連ねるすじ道の経絡《けいらく》の研究を中心とするものでした。

それによると、人間の体を縦方向に走る十二の経脈がメーンストリートであり、その経脈から分かれて、横方向に走る十五の絡脈があるそうです。

そんなことから、人と人との間で、気持ちがつながる「気脈」や、山がつながる「山脈」などの言葉も生まれました。

# 永

## 合流して勢《いきお》いよく流れる水のことです

5年生

音 エイ　訓 ながい・ながれ

水が分かれて流れるさまが「派《は》」という字です。そのことについて、前のページで紹介《しょうかい》しましたが、この「派」とペアになる字があります。

それが「永《えい》」という漢字です。今回はこの「永」に関連した一連の文字を紹介しましょう。

水が分流する「派」とは反対に、「永」は水が合流して勢《いきお》いよく流れるところを表した字で、水の流れの長いことを言います。

水の流れが長いことから、すべての「ながい」意味となりました。

その長い水の流れに乗るようにして、水を渡《わた》ることを「泳」と言います。そこから「およぐ」意味となったのです。

また水の流れが合流して、流れが長いように、強く長く声をのばして漢詩や和歌を歌いあげることを「詠《えい》」と言います。

そこから「うたう」の意味となりました。詩歌を作る意味にも使います。「詠嘆《えいたん》」は声に出して感動することですが、もともとは声を長く引かせて歌う意味です。日本語でも声を長く引いて節をつけて詩歌を歌うことを「詠《よ》む」と言いますが、それを「詠《なが》む」とも読みます。

学校で学ぶ漢字ではないので、理解《りかい》するだけでいいと思いますが、水が合流して、その水の勢いが長く下流におよぶことを「漾《よう》」といいます。

中国の晩唐《ばんとう》時代を代表する詩人に杜牧《とぼく》という人がいます。

その杜牧が長江《ちょうこう》最大の支流《しりゅう》の川のほとりにたたずみ詠《うた》った「漢江」という詩は「溶溶漾漾白鷗《ようようようようはくおう》飛《とぶ》」と始まっています。豊《ゆた》かにたゆたい流れる漢江。そのゆらゆらゆれる水面を真っ白な鷗《かもめ》が飛んでゆくという意味です。

「永」は「ながい」意味の中でも、特に「時間の長く久しい」意味に使われることが多い。「永遠」「永久」「永年」など
永
古代文字
泳
詠
昶


このように「川が長くたゆたい、ゆらゆらゆれるさま」が「漾」で、その訓読みは「ただよう」です。

人名などに使われることの多い漢字「昶《ちょう》」も「永」をふくむ文字ですが、これはまさに「日の長いこと」の意味です。そこから「のびる」とも「ひさし」とも読み、「のびる」ので「通る」の意味もありますし、「あきらか」の意味もあります。

# 放

## 木に架《か》けられた死者を打《う》って悪い霊《れい》を追い祓《はら》うことです

音 ホウ　訓 はなす・はなつ・はなれる・ほしいまま

3年生

これから何回か紹介《しょうかい》する文字は怖《こわ》くて、残酷《ざんこく》な漢字です。でもこれらは古代中国の考え方が反映《はんえい》した行為《こうい》の文字です。三千年以上前の考えであることを忘《わす》れないでください。

その怖い文字の最初は「方」です。

この「方」は「木に架《か》けられた死者」の姿《すがた》です。古代中国では自分の国の辺境《へんきょう》に、木に架けた死体「方」を置いて、その死体の呪《まじな》い的な力で、外側にいる異民族《いみんぞく》の悪い力が自国に及《およ》ばないようにしたのです。

「放」は、その「方」に「攵《ぼく》」を加えた字です。「攵」の元の字は「攴」で、「攴」の上部「卜」は木の枝《えだ》や鞭《むち》のことです。下の「又《また》」は手の形です。つまり「攵（攴）」は木の枝などを手に持って何かを打つ字です。

その「攵（攴）」で木に架けた死体「方」を打って、死んだ体にある呪いの力をさらに刺激《しげき》し、その力で、敵《てき》からの悪い霊《れい》を追い払《はら》おうとしている文字が「放」です。

これは少し複雑《ふくざつ》な考え方ですね。敵の悪霊《あくりょう》などを直接《ちょくせつ》打って、相手の悪い霊を追い払うのではなく、自分の目の前の死体を打ち、その死体の力で向こう側の敵の悪霊を撃退《げきたい》するという考え方です。

こういう考え方を「共感呪術《じゅじゅつ》」と言うそうです。共感呪術的な考え方は漢字の成り立ちの中でかなり出てきますので、古代中国では、このような考え方があったことを理解《りかい》しておいてください。

この共感呪術的な行為は間接的な行為ですが、何かを模倣《もほう》しているような感じがあるので、「放」に「人」を加えた「倣」の文字に「ならう」「まねる」意味があるのです。

今の字形では「方」との関係が分かりにくい字は「辺」です。「辺」の旧字は「邊」です。

これは「自」「穴《あな》」の下に「方」を書いて、「辶《しんにゅう》」を加えた字形です。「器」という字を紹介する回でも説明しましたが、「自」は「鼻」の形です。「穴」は何かを載《の》せる台のような形です。「辶」は道路を行くことです。

つまり「辺」（邊）という字は、鼻を上向きにした死体を台の上に載せて、国境あたりに置いて、悪い霊の外からの侵入《しんにゅう》を防《ふせ》ぐ字なのです。それは「辺境」「周辺」でのことなので「辺」に「あたり」「くにざかい」の意味があります。

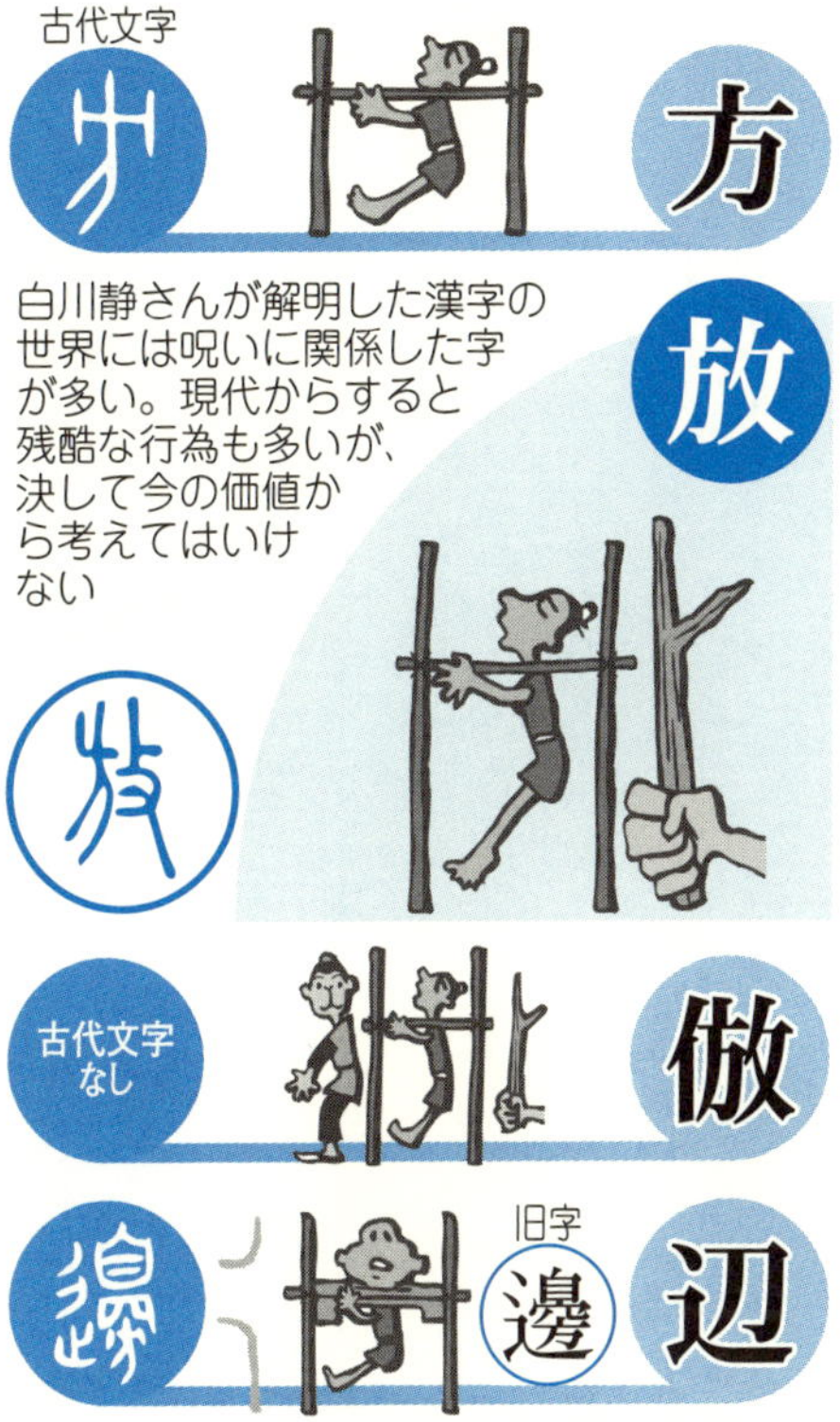

古代文字
方
放
白川静さんが解明した漢字の世界には呪いに関係した字が多い。現代からすると残酷な行為も多いが、決して今の価値から考えてはいけない
古代文字なし
倣
旧字
邊
辺

# 訪

## 四方八方、各地の神様に意思を聞くことです

音 ホウ　訓 おとずれる・たずねる・とう

6年生

「方」という字は横にわたした木につるされた死者の姿《すがた》のことです。ずいぶん怖《こわ》い意味をふくんだ漢字ですが、三千年以上も前の古代中国の考え方ですので、現代《げんだい》の価値観《かちかん》だけで、そのまま善《よ》い悪いについて考えないでください。

横にわたした木につるされた死者を異国《いこく》との境《さかい》である四方の辺境《へんきょう》の地に置き、この死者のもつ力で異民族《いみんぞく》の悪い霊《れい》が自分たちの世界に入ってこないための呪《まじな》いとしたのです。でも「方」が悪いものの侵入《しんにゅう》を防《ふせ》ぐ字であることが分かると、日常《にちじょう》使っている漢字で、その意味が簡単《かんたん》に理解《りかい》できるものがたくさんあります。

「予防接種《よぼうせっしゅ》」や「防音」などに使われる「防」という漢字、悪いものの侵入などを防ぐ「防」という漢字が、まさにその一つです。これは「方」に「阝《こざとへん》」を加えた字です。「阝」は神様が天と地を昇《のぼ》り降《お》りする階段《かいだん》（または梯子《はしご》）です。神が昇降《しょうこう》する階段の前に、悪いものが入ってこないための呪いとして「方」を置いて土地を清め、邪悪《じゃあく》な霊を防ぐ字が「防」です。

また「妨害《ぼうがい》」の「妨」という字にも「方」がありますね。この「方」も悪い霊が自分たちの世界に入ってこないように呪いとして置かれた、木につるされた死者の形です。「女」の部分は神様につかえる巫女《みこ》さんのことです。つまり、ほかから加えられる呪いを「方」と巫女さんの力で妨害す

る漢字が「妨」なのです。

「紡績《ぼうせき》」の「紡」にも「方」がふくまれています。

これは横にわたした木に架《か》けられた死者の姿《すがた》が、糸を上方のものにかけてつむぐ様子に似《に》ているので、この「紡」が「つむぐ」意味となったのです。

さらに「訪問《ほうもん》」の「訪」にも「方」があります。最初にも書きましたが、「方」は四方の辺境に置かれました。このため「方」には「四方」や「四方八方」の意味があり、そこから「広くすべてにわたって」「あまねく」の意味があります。

この「訪」は各地を訪《たず》ね歩いて各地の神様に、その意思を聞いてまわるという文字です。ですから「訪」に「おとずれる」の意味のほかに、人を「たずねる」意味、さらに人をたずねて「とう」意味もあるのです。

古代文字
防
妨
紡

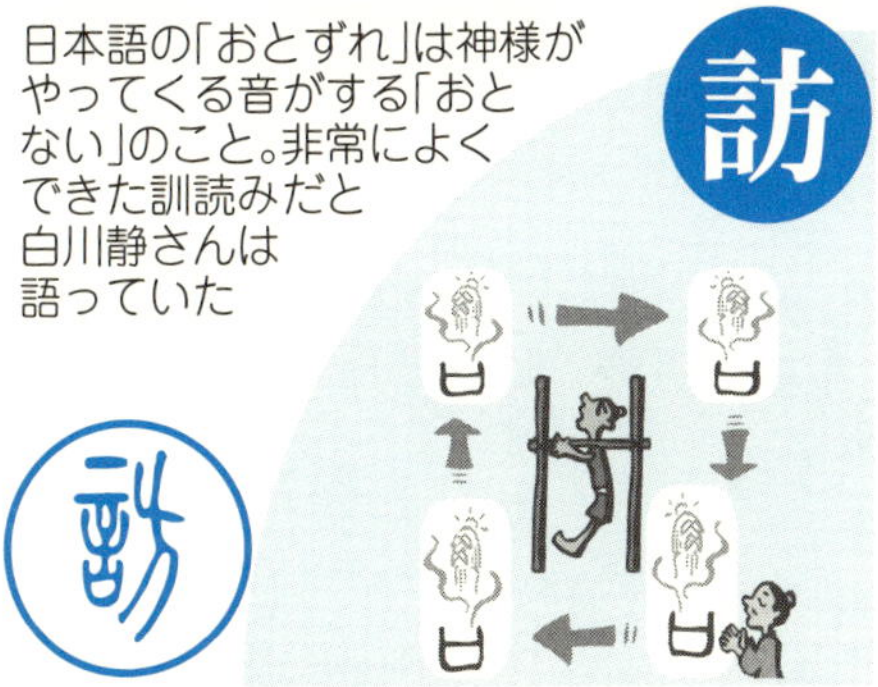
訪
日本語の「おとずれ」は神様がやってくる音がする「おとない」のこと。非常によくできた訓読みだと白川静さんは語っていた

# 方

## 四角く区画されたもののことです

音 ホウ　訓 かた・とつくに・みち・まさに

**2年生**

「方」は横にわたされた木に架《か》けられた死者の姿《すがた》で、敵《てき》の悪い霊《れい》が侵入《しんにゅう》しないための呪《まじな》いとして、四方の敵《てき》との境《さかい》に置かれました。それゆえ「方」に「四方」の意味があり、さらに「四角形」の意味があります。その四角形の「方」をふくむ字の紹介《しょうかい》です。

まず「坊《ぼう》」からです。中国では縦《たて》と横の道路によって街が四角く区画され、その一区画を「坊」と言いました。四角形の「方」と土地の「土」を合わせて「坊」なのです。また寺の内部も「坊」に分かれていて、その一坊の主を「坊主《ぼうず》」と言います。

次は「房《ぼう》」です。「房」の「戸」は「扉《とびら》」のことで「家」の意味です。「方」は区画の意味です。つまり「戸」と「方」で建物の中を区画した部屋、個室《こしつ》のことです。

日ごろ、あまり意識《いしき》しないで使っている言葉の中に、この区画された個室「房」の意味をもつものがたくさんあります。

「文房具《ぶんぼうぐ》」の「文房」とは文を書いたり、読書をする部屋、つまり書斎《しょさい》のことです。その書斎で使う道具が「文房具」です。「暖房《だんぼう》」「冷房」の「房」も区画された個室のことです。個室の温度を個室の外より暖《あたた》かくするのが「暖房」、冷たくするのが「冷房」です。

「女房《にょうぼう》」も区画された個室の意味でした。「女房」とは宮中に仕える女性《じょせい》、女官の部屋のことです。

または個室を与《あた》えられた位の高い女官のことです。そこから婦人《ふじん》、女性の意味となり、妻《つま》の意味となったのです。

日本語ではこの「房」を「ふさ」と読み、花や実などが群《むら》がり長く垂《た》れた状態《じょうたい》や袋《ふくろ》の形に垂れたものを表します。「花房《はなぶさ》」や「乳房《ちぶさ》」が、その用例です。

何回か「方」に関連する字を紹介してきましたが、その最後は「傍《ぼう》」です。

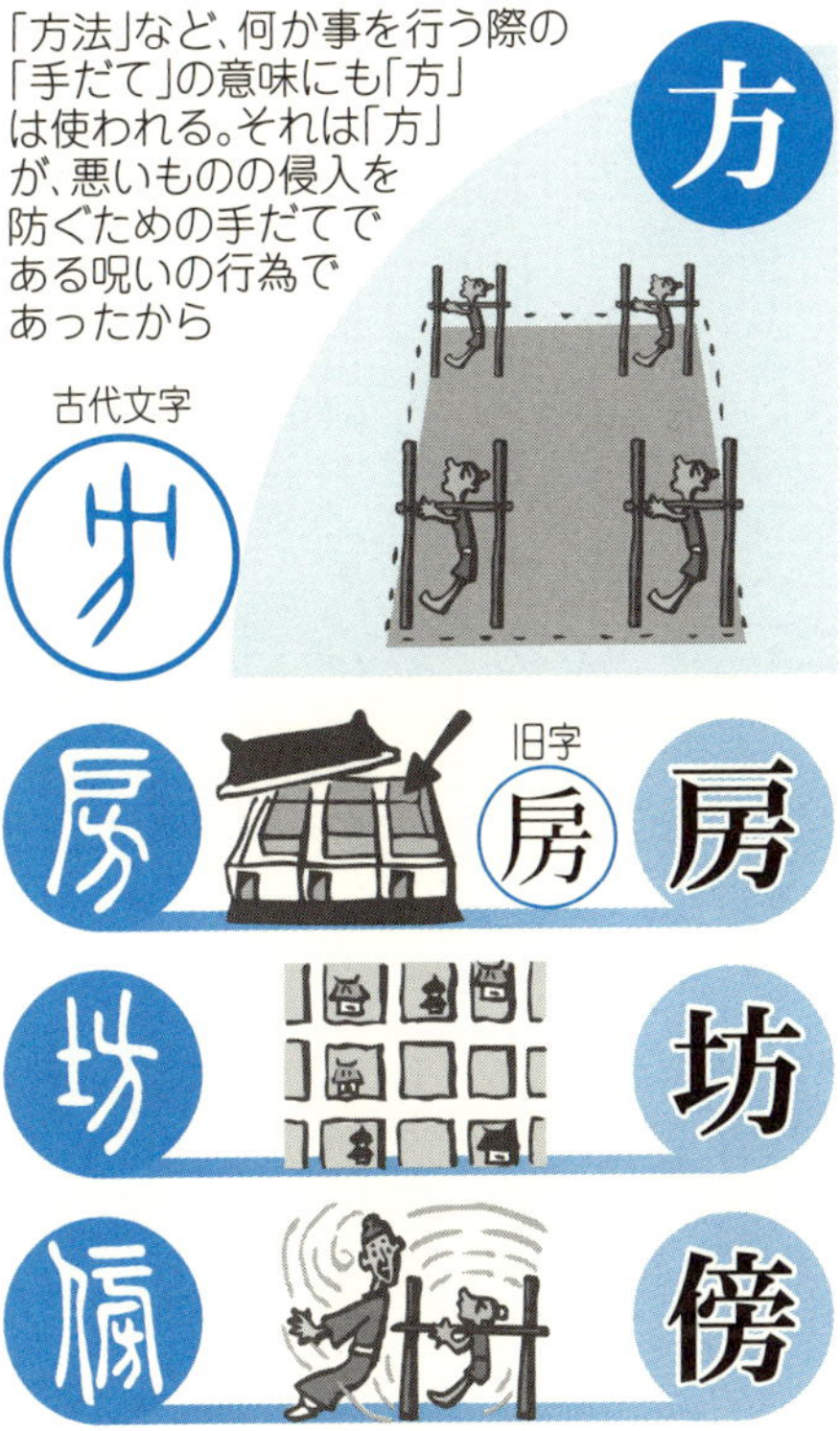
方
「方法」など、何か事を行う際の「手だて」の意味にも「方」は使われる。それは「方」が、悪いものの侵入を防ぐための手だてである呪いの行為であったから
古代文字
房
旧字
房
坊
傍

右側の「旁《ぼう》」の字形は古代文字をみると「凡《はん》」と「方」を合わせた形です。「凡」は「汎《はん》」（ひろい）のこと。「方」は四方の意味で、「旁」は「広くすべてにわたって、あまねく」の意味です。あまねく周辺まで広がっていくので、「旁」には「広がっていって他に迫《せま》る」意味があります。そこから「近く」の意味が出来て、「傍」の字に「かたわら」の意味がうまれたのです。

# 白

## 白骨化《はっこつか》した頭蓋骨《ずがいこつ》のことです

音 ハク・ビャク　訓 しろ・しら・しろい・もうす

1年生

二〇一〇年は漢字学者、白川静さんの生誕《せいたん》百年でした。それを記念して、雑誌《ざっし》が白川静さんの特集号を出したり、白川文字学に関連した本が出版《しゅっぱん》されたりしました。白川静さんの研究を通して漢字を学んでいると、古代中国の人びとの生活、考え方が手にとるように理解《りかい》できます。そして古代中国人と現代《げんだい》の日本人が漢字を通して、しっかり結びついていることがよく分かるのです。

さてさて、漢字の紹介《しょうかい》ですが、今回は、その白川静さんの名にある「白」についてです。

この「白」は少し怖《こわ》い字ですよ。白川静さんの「白」という字は「白骨化《はっこつか》した頭蓋骨《ずがいこつ》」の形なのです。白骨化しているので「しろい」意味となりました。

「伯《はく》」という字の「白」も白骨化した頭蓋骨です。古代中国では討《う》ち取った敵《てき》の首長の頭部を白骨化させて保存《ほぞん》していました。すぐれた首長の頭蓋骨には強い霊力《れいりょく》があると考えられていたので「かしら」の意味となり、「白」に「人」を加えた「伯」が出来たのです。

また「伯」に「あに」の意味もありますが、これは中国の周の時代に兄弟を伯、仲、叔《しゅく》、季の順に呼《よ》んだことからです。「実力伯仲」の「伯仲」とは長兄と次兄の力があまり違《ちが》わないことです。

また「激《げき》」の字にも「白」があります。でも「激」の前に「敫《きょう》」の字を紹介したいと思います。学校で学ぶ字ではないので理解《りかい》するだけでいいですが、これは「放」に「白」を加えた字形です。

「放」は何回か紹介しましたが、木につるした死者を木の枝《えだ》で打ち、死者の霊を刺激《しげき》し、強くなった霊力で、外から侵入してくる悪霊《あくりょう》の追放を求める字です。その「放」の「方」の上に「白」を加えた「敫」は、木の枝で打つ死者に白骨化した頭蓋骨が加わった字形です。白骨化した頭蓋骨を打って刺激を与《あた》え、強化された霊力で悪霊の追放を求める字で、「もとめる」の意味になりました。

この「敫」には刺激して激《はげ》しくなる意味がふくまれています。

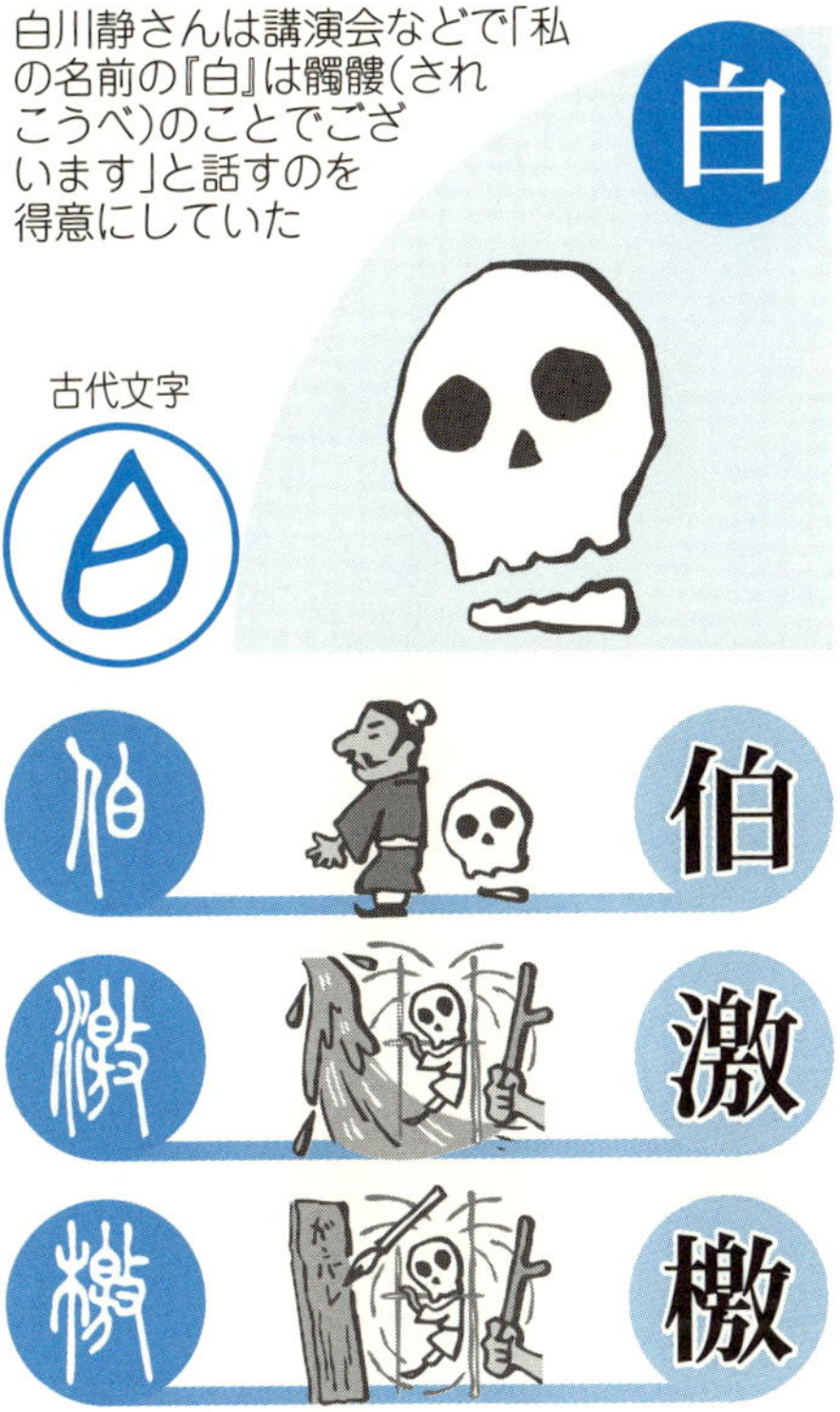

白川静さんは講演会などで「私の名前の『白』は髑髏（されこうべ）のことでございます」と話すのを得意にしていた
白
古代文字
伯
激
檄


その激しさを「水」の様子に移《うつ》して、水が激しく流れる意味の字が「激」です。後にすべての「はげしい」意味になりました。

「檄文《げきぶん》」「檄を飛ばす」などに使う「檄」にも「敫」があります。「木」は木札に文字を記した木簡《もっかん》のことです。

それに「木」を加えた「檄」は白骨化した頭蓋骨によってではなく、文章で人に刺激を与えることです。そこから「ふれぶみ」の意味になりました。

# 雲

2年生

雲に頭を隠《かく》した竜《りゅう》のことです

音 ウン　訓 くも

「魂魄《こんぱく》」という言葉があります。「たましい」を意味する熟語《じゅくご》ですが、その「魂」も「魄《はく》」も「たましい」の意味です。でも「魂」と「魄」とは少し意味が異《こと》なります。

「魂気は天に帰し、形魄は地に帰す」という言葉があるのですが、なぜ「魂」は天に帰り「魄」は地に帰るかを紹介《しょうかい》しながら、「魂」と「魄」の違《ちが》いを説明しましょう。

まず「魂」と「魄」とに共通してある「鬼《き》」の説明からです。古代文字の「鬼」は大きな頭をした人の形です。大きな頭は、この世の人とは異なる存在《そんざい》であることを表しています。古代中国では人は死んだら鬼になると考えられていました。

「鬼」とは人が死後に「たましい」となって存在する霊《れい》の姿《すがた》で、これを「人鬼」と言います。反対に自然の現象《げんしょう》や事物をあがめる自然神が「神」です。「鬼神」という言葉もありますが、これは「人鬼」と「自然神」のことで、いずれもこの世のものとは異なる超人《ちょうじん》的な力を持つものと考えられていたのです。

もう一度、古代文字の「鬼」を見てください。今の字形にある「ム」はありません。「ム」は後に加えられたものです。「ム」は「云《うん》」の省略《しょうりゃく》形と考えられますが、その「云」をさらに「鬼」に加えたのが「魂」です。

この「云」は「雲」の元の字形です。古代文字の「云」は竜《りゅう》が頭部を雲に隠《かく》して、しっぽだけを出している姿《すがた》です。つまり「云」は雲状《くもじょう》のものを意味する字形です。その「云」に気象現象を表す「雨」を加えた文字が「雲」です。もともと「云」だけで「くも」の意味でした。

ですから「魂」とは、人が亡《な》くなると雲状のものとなって辺りを浮遊《ふゆう》し、やがて天に帰っていくことを表す文字なのです。

古代文字
鬼
雲
雲にはいろいろ意味がこめられた言葉がある。暗雲は悪いことが起こりそうな気配。紫雲(しうん)はめでたいしるしとされた紫(むらさき)色の雲。「青雲」は高い地位のこと
魂
魄

また「魂」は心の意味にも使います。「魂胆《こんたん》」とは心の中でひそかに考える計画です。「商魂」は商売に熱心な気持ちです。

そして「魂魄」の「魄」のほうですが、この「魄」の「白」の部分は前の回にも紹介したように白骨《はっこつ》化した頭蓋骨《ずがいこつ》のことです。つまり「魄」は人が亡くなった後、骨《ほね》となって地上に残ることです。だから「魂気は天に帰し、形魄は地に帰す」のです。

# 陽

## 下方に放射《ほうしゃ》する玉の光のことです

音 ヨウ　訓 ひ・あたたかい・いつわる

3年生

「雲」の元の字が「云《うん》」です。そのことを「雲」の回で説明しました。この「云」の字形が「陰《いん》」の中にもふくまれているのが分かりますか。

今回は、その「陰」と「陽」という字について紹介《しょうかい》しましょう。

この「陰」「陽」の両字に共通する「阝《こざとへん》」は神様が天から降《お》りてくる梯子《はしご》（または階段《かいだん》）です。「陽」の「昜《よう》」の部分の上部の「日」は霊力《れいりょく》をもつ宝石《ほうせき》、玉《ぎょく》のことです。その下の部分はそれをのせる台と玉の光が下方に放射《ほうしゃ》する形です。つまり、光の輝《かがや》く玉を神が降りてくる場所の前に置き、神の威《い》光《こう》を示《しめ》している字が「陽」です。

「安」の字の回で「宴」や「晏」について紹介するときに少し説明しましたが、物に感じたり、何かの行為《こうい》によって自分の生きる力を盛《さか》んにすることを「魂振《たまふ》り」と言います。あまりなじみのない言葉かもしれませんが、漢字にはこの魂振りに関係した文字が、かなりあります。紹介した、この「陽」の玉の光にも魂振りの力がありました。「陽」は後に「ひ、太陽」の意味となり、太陽の光の及《およ》ぶところから、「あたたかい」などの意味も生まれたのです。

これに対して、「陰」は逆《ぎゃく》に、その光をとざして神気を閉《と》じこめる字形です。「侌《いん》」の部分は「云」の上に「今」をのせた形です。「云」は「雲」の元の字ですし、「今」は何かにふたをする形です。

つまり「侌」は雲のような気にふたをし、気をおおい閉じこめる形です。

「陰」の場合は「陽」の玉の光を閉ざし、神気を閉じこめる字です。それゆえに「とざす、おおう、かげ、くもる」などの意味があります。

中国の思想では「陰」と「陽」は、相反する性質《せいしつ》を持った二つの気としてペアになっている考えです。中国ではこの陰陽で万物《ばんぶつ》のことを考えます。

古代文字
云
陽
「陽」は「佯」（よう＝いつわること）と音によって意味が通じて「陽言」（いつわって言うこと）や「陽狂」（ようきょう＝いつわって狂気をよそおうこと）などの熟語もある
陰
蔭

例えば日・春・南・昼・男が「陽」。これに対して月・秋・北・夜・女が「陰」とする考え方です。この考え方は日本にも伝わり、陰陽道となりましたが、この場合は「おんよう」または「おんみょう」と読みます。

「陰」に「艹《くさかんむり》」を加えた「蔭《いん》」という字がありますね。草が生い茂《しげ》って、日かげをつくっていることですので「かげ、おおう」という意味です。

# 笑

## 巫女《みこ》さんが笑いで神を楽しませることです

**4年生**

音 ショウ　訓 わらう・えむ

日常《にちじょう》生活で使う漢字の目安である常用漢字が二〇一〇年に改定されて、「妖《よう》」という字が常用漢字に新しく加わりました。この「妖」に関連した文字について紹介《しょうかい》しましょう。

まず「妖」の旁《つくり》の「夭《よう》」の古代文字を見てください。これは若《わか》い巫女《みこ》さんが手をあげて舞《ま》い踊《おど》る姿《すがた》です。

そう思って「夭」の古代文字を見ると、リズムに合わせて踊る若い人に見えてきませんか。舞い踊るのは若い巫女さんですから、「夭」には「わかい」意味があります。「夭折」「夭逝《ようせい》」は「若死にすること」です。

巫女さんは体をくねらせて踊るので、「夭」には「しなやかに曲がるもの」の意味もあります。「しなやかに屈伸《くっしん》するさま」を意味する「夭嬌《ようきょう》」との言葉もあります。

この「夭」をふくむ文字で、みんなが知っている字は「笑」でしょう。

「竹かんむり」の部分は「竹」のことではなく、両手をあげて踊る巫女さんの両方の手を表しています。つまり「笑」は笑いながら舞い踊る若い巫女さんの姿のことです。

巫女さんは神様にいろいろなお祈《いの》りをして、神の意思をうかがうのですが、祈りに応《こた》える神の意思をやわらげるために、笑いで神様を楽しませながら踊っているのです。そこから「わらう、えむ」

の意味となったのです。

　その関連で知ってほしいのは花が咲《さ》く「咲《しょう》」という字です。その古代文字を見てください。「笑」の古代文字と同じですね。「咲」の古い字は「笑」と同じだったのです。この「咲」には古い用例がなく、「笑」の俗字《ぞくじ》だったようです。もともとの「咲」の意味は「わらう、えむ」です。「花が咲く」意味の「さく」は日本語の用法です。

古代文字
夭
笑
花が咲く様子が笑う人の口もとのほころびる様子に似ていたので、「咲」の字が花が「さく」となっていったのだろうと白川静さんは考えていた
旧字
咲
異体字
妖

　さて最後に「妖《よう》」です。「夭」は神様のために踊る若い巫女さんです。その一心に踊る姿はあでやかな姿でしたので「あでやか」の意味があります。「妖艶《ようえん》」などの言葉がその意味です。

　また一心に踊る巫女さんは神様がのりうつったような状態《じょうたい》になり、あやしい存在《そんざい》となってしまうこともあります。ですから「妖怪《ようかい》」「妖異《ようい》」には「あやしいもの」の意味があるのです。

# 若

## 両手をあげて踊《おど》り祈《いの》り、神のお告げを待つ若《わか》い巫女《みこ》さんの姿《すがた》です

音 ジャク・ニャク

訓 わかい・もしくは・したがう・なんじ

6年生

まず「若《じゃく》」の古代文字を見てください。たくさんある古代文字の中でも、この「若」の古代文字は記憶《きおく》に残ることにおいて、屈指《くっし》の文字です。印象というものは、人それぞれに異《こと》なるでしょうが、この「若」の古代文字は多くの人に、忘《わす》れられない印象を残すと思います。

この「若」は長い髪《かみ》をなびかせ、両手をあげて踊《おど》りながら、神様に祈《いの》り、神のお告げを待つ若《わか》い巫女《みこ》さんの姿《すがた》です。「草かんむり」は若い巫女さんがあげている両方の手です。漢字誕生《たんじょう》以来の三千年以上の時間を超《こ》えて、神に祈る巫女さんの姿がよく伝わってきませんか。

若い巫女さんが踊りながら神様の意思を聞く文字が「笑」の回で紹介《しょうかい》した「夭《よう》」でした。でも、この「若」など、それ以外にも神様のお告げを聞く巫女さんの字は多いのです。

「若」の現在《げんざい》の字形は古代文字の横に、神様への祈りの言葉である祝詞《のりと》を入れる器「口《サイ》」を加えた形です。この神のお告げを求めるのが、若い巫女さんでしたから「わかい」意味となりました。

その巫女さんの祈りに神が「よろしい」と承諾《しょうだく》する字が「諾」です。意味は「こたえる」です。「唯々諾々《いいだくだく》」という言葉がありますね。「唯」も「諾」もいずれも「しかり」と承諾する意味。中国の昔の言葉に「父命じて呼《よ》ぶとき、唯して諾せず」というのがあるそうです。今の言葉で言えば「唯」は「ハイ」、「諾」は「ハーイ」です。

踊っている巫女さんへの神様からの承諾ですから、どこかうっとりとした「ハーイ」というニュアンスが「諾」にはあります。つまり「父命じて呼ぶとき、唯して諾せず」とは、お父さんから呼ばれた時には「ハーイ」ではなく「ハイ」と返事するとの意味です。

もう一つ「若」の関連文字を紹介しましょう。それは「匿《とく》」という字です。この「匸《けい》」は隠《かく》された場所のことです。その場所でひそかに巫女さんが神のお告げを求めて祈るのが「匿」です。名をかくす「匿名」などの熟語《じゅくご》で使われますが、ひそかな祈りなので「かくれる」となりました。

若い巫女さんに伝えられた神様の意思をそのまま伝達することを「若(かく)のごとし」と言い、その神意に従うことから、「若」に「したがう」の意味もある
若
旧字
若
古代文字
諾
諾
匿
匿
沃

最後は「夭」の関連文字「沃《よく》」の紹介です。「沃」は農地に水を注ぐ意味ですが、「夭」が若い巫女のことから「わかわかしく、ゆたか」の意味があります。そこから「肥沃《ひよく》」（肥《こ》えた土地）などの言葉にも使われます。この「沃」も二〇一〇年の改定で常用《じょうよう》漢字に加わりました。

# 誤

## 舞《ま》い踊《おど》る巫女《みこ》さんの言葉が正常《せいじょう》でなくなることです

音 ゴ　訓 あやまる

6年生

神様の前で舞《ま》い踊《おど》りながら、祈《いの》りを捧《ささ》げる若《わか》い巫女《みこ》さんに関する文字を何回か説明してきました。その若い巫女さんに関係した文字の紹介《しょうかい》として、この本の最後に「呉《ご》」という字形をふくむ漢字についても説明したいと思います。

「呉」の今の字形の「口」の部分は「くち」ではなくて、神様への祈りの言葉である祝詞《のりと》を入れる器「口《サイ》」です。それ以外の字形は古代文字のほうが分かりやすいですが、神前で舞い踊り、神を楽しませて祈る巫女さんの姿《すがた》なのです。

つまり「呉」は巫女さんが神への祈りの祝詞を入れる「口《サイ》」を捧げて踊り、神を楽しませている文字です。だから「呉」には「たのしむ」の意味があります。また「呉」は中国の国名や地名によく使われました。

この「呉」をふくむ字に「娯《ご》」があります。「呉」に「女」を加えた「娯」は、神に「口《サイ》」を捧げて舞い踊り、神を楽しませる女性《じょせい》のことです。やはり、その女性は巫女さんでした。「娯」の意味は「呉」と同じ「たのしむ」です。つまり「娯」の元の字が「呉」なのです。

「誤解《ごかい》」の「誤」にも「呉」がふくまれていますね。

神前で「口《サイ》」を捧げて祈り、一心に舞い踊る巫女さんは正常《せいじょう》な状態《じょうたい》でない場合があります。言葉が乱《みだ》れ、何を言っているのか分からない状態になってしまうのです。その状態が「誤」です。ですから「あやまり」という意味です。

「呉」に関する字の最後は「虞《ぐ》」です。漢の劉邦《りゅうほう》と天下を争った項羽が愛した女性に虞美人がいます。戦いで包囲されて四面楚歌《しめんそか》となった項羽が「虞や虞やなんじをいかにせん」と詠《うた》った詩にも名を残しています。その時、命を絶《た》った虞美人の化身として、ヒナゲシが生えてきたという伝説から、ヒナゲシのことを虞美人草と言います。

古代文字
旧字
呉
呉
娯
娯
誤
誤
儒教(じゅきょう)の思想家・荀子(じゅんし)の書に「誤」を「人の言葉にまどわされる」の意味に使う例がある。以後「人をあやまらせる」「まどわす」の意味にも使う
虞
虞

「劇」の回でも紹介しましたが、この「虞」は虎《とら》の頭「虍《こ》」と「呉」を合わせた形です。白川静さんは、この「虞」は虎頭《ことう》の被《かぶ》り物を被って舞う獅子舞《ししまい》のようなものだろうと考えていました。それは神前で、戦いに勝つことを祈る模擬演技《もぎえんぎ》でした。戦争について神意をはかるので「はかる」の意味があります。

# あとがき

白川静さんは、亡《な》くなった年、二〇〇六年に「漢字の体系《たいけい》」という同じ題の二つの講演《こうえん》をしています。一つは生まれ故郷《こきょう》の福井《ふくい》県教育委員会主催《しゅさい》で同年六月十日に行った講演「漢字の体系——転注の字」です。もう一つは同年九月十六日に、自宅《じたく》があった京都市教育委員会などが主催で行った「漢字の体系——漢字教育について」というものです。

二つの講演は厳密《げんみつ》に言うと副題が異《こと》なりますが、死後刊行《かんこう》された白川静著《ちょ》『桂東雑記《けいとうざっき》V』に収録《しゅうろく》された、それらの講演を読めば、密接《みっせつ》に関連したものであることがよくわかります。

この『なるほど漢字物語』のもととなった「漢字物語——白川静文字学入門」の新聞連載《れんさい》を始めて、しばらくして『桂東雑記V』の、この二つの講演部分を読み返していて、非常《ひじょう》に驚《おどろ》いてしまいました。『なるほど漢字物語』では四つの漢字を示《しめ》しながら関連する文字の成り立ちを説明しておりますが、白川静さんも、それらの講演で五つの漢字とその関連性《かんれん》を示して、漢字の成り立ちとつながりを話していました。

四つと五つの違《ちが》いはありますが、白川静さんが最後の講演で示された方法で、わたしの連載が進んでいることに驚いたのです。わたしが四つの漢字にしたのは、いっぺんにたくさんの漢字のつながりが理解《りかい》できる白川静文字学の醍醐味《だいごみ》と毎回簡潔《かんけつ》に読み切れる新聞のコンパクトさの両立に悩《なや》んでいた時、勤務《きんむ》先の友人から漢字を四つぐらいずつ紹介《しょうかい》するのが連続性とコンパクトさのバランスがいいのではないかとアドバイスされて決めたものでした。連載の欄《らん》がもう少し大きかったら、白川静さんと同じ五つの漢字になったのかもしれません。

白川静さんが最後に話されたことと、わたしの方法が近似《きんじ》していることを知った時、なぜ白川静さんが非常に忙《いそが》しい時間を割《さ》いて、わたしに漢字の成り立ちについて、あれほど熱心に教えてくださったのか、その理由が分かったように思えました。

最晩年《さいばんねん》の白川静さんの仕事を見ていきますと、まず現在《げんざい》の漢字ブームを作ったとも言える連続講演会「文字講話」がありります。これは一九九九年から二〇〇五年まで、続編《ぞくへん》をふくめて計二十四回続きました。白川静さんはその間に入門者向けの字書『常用字解《じょうようじかい》』を二〇〇三年に刊行しています。そして紹介した二つの講演です。これら「文字講話」から始まる白川静さんの活動は、自らが究めた漢字学の研究成果を一般人《いっぱんじん》に広めていく方向に向かっていたと思います。最初に白川静さんにインタビューした際《さい》に「とにかく活字離《ばな》れが激《はげ》しすぎます。でも本当の知識《ちしき》を身につけるには書物を読まなくては駄目《だめ》なのです。それには漢字が一つの障壁《しょうへき》になっている。ですから漢字の現代的な理解を深め広めるために、この『文字講話』を始めました」と白川静さんは話していました。自分の研究成果を使えば、漢字を学ぶことは難《むずか》しくないし、一字一字覚える必要もないとも言っていました。つまり白川静さんが広い意味での漢字教育に目を向けていたころに、わたしが「漢字の初歩からその成り立ちを教えてほしい」と、白川静さんの門をたたいたわけです。ちょうど巡《めぐ》り合わせがよかったということですが、白川静さんは本当に熱心に、時にユーモアも交えながら教えてくださいました。わたしが受けた人生最高の授業《じゅぎょう》でした。その授業の楽しさは、この本の随所《ずいしょ》に表れていると思います。

最初に紹介した二つの講演はいずれも教育委員会が主催者となっておりますが、このうち京都市のものは亡くなる一カ月半前の講演です。白川静さんの長女・津崎史《つざきふみ》さんの話によると、体調がままならず、ほんとうに当日まで実施《じっし》できるか分からなかったそうです。でも「『子どもに漢字を教える先生たちに話すのだから』と言って家を出た」と言います。

「文字講話」を聴《き》いたことがある人なら、ご存《ぞん》じだと思いますが、白川静さんはどんなに長い講演でも立ったまま話し通しました。でもその時、よほど体調が良くなかったのでしょう。途中《とちゅう》から座《すわ》って話されたそうです。「座って話す白川を初めて見ました」と、付き添《そ》っていた史さんの夫で『常用字解』などの編集《へんしゅう》協力者でもある津崎幸博《つざきゆきひろ》さんが話しておりました。

最後の最期まで、白川静さんが考えていたのは、子どもたちへの漢字教育のことだったと思います。これからを生きる子どもたちに、自分が解明した漢字の体系的な仕組みを伝えて、一字一字バラバラに暗記していくような漢字教育から解放してあげたいという思いだったのでしょう。

小中高校生に新聞を使って学んでもらうＮＩＥ（教育に新聞を）というページに、この本のもととなった記事を連載し続けているのも、白川静さんが最期に抱《いだ》いていた漢字教育への思いを受けてのことです。そのことを記しておきたく思います。

**小山鉄郎**（こやま・てつろう）
1949年群馬県生まれ。一橋大学卒。73年共同通信社入社。川崎、横浜支局、社会部を経て、84年から文化部で文芸欄、生活欄などを担当。現在、同社編集委員兼論説委員。
文化勲章受章者で漢字学研究の第一人者・白川静氏に直接の教えを受けつつまとめた新聞連載「白川静さんに学ぶ　漢字は楽しい」が大きな話題を呼ぶ。連載は書籍化、白川静監修・小山鉄郎著『白川静さんに学ぶ　漢字は楽しい』（共同通信社、2006年）として刊行、10万部を超えるベストセラーとなる（文庫本は新潮社）。他の著書に『白川静さんに学ぶ　漢字は怖い』（共同通信社＝文庫本は新潮社）、『白川静さんと遊ぶ　漢字百熟語』（PHP新書）、『村上春樹を読みつくす』（講談社現代新書）、『文学者追跡』（文藝春秋）、『人にやさしい道具』（宝島社新書）など。
小山鉄郎監修・はまむらゆう著『白川静さんに学ぶ漢字絵本　足の巻』（論創社）もある。

**白川静文字学入門　なるほど漢字物語**

発行日 ● 2012年7月14日　第1刷発行

著　者 ● 小山鉄郎　
発行人 ● 小林秀一
発行所 ● 株式会社共同通信社（K.K.Kyodo News）
〒105-7208　東京都港区東新橋1-7-1 汐留メディアタワー
電話（03）6252-6021
印刷所 ● 凸版印刷株式会社

乱丁・落丁本は郵送料小社負担でお取り換えいたします。

ISBN978-4-7641-0637-6　C0081　※定価はカバーに表示してあります。